Verhandlungssicher in Englisch

Verhandlungssicher in Englisch

Diskutieren und Argumentieren

Von

Dr. Ulrich Hoffmann und Michael Tobin

LANGENSCHEIDT

BERLIN · MÜNCHEN · WIEN · ZÜRICH · NEW YORK

Die Autoren, Dr. habil. Ulrich Hoffmann und Michael Tobin, stehen im Dienst der Vereinten Nationen und verfügen über langjährige Erfahrungen in internationaler Konferenztätigkeit.

Umschlagfoto: Bavaria Bildagentur

Auflagen:	5.	4.	3.	Letzte Zahlen
Jahr:	1997	96	95	maßgeblich

Druck: Druckhaus Langenscheidt, Berlin
Printed in Germany · ISBN 3-468-42612-7

Vorwort

Ist Ihnen eigentlich schon einmal bewußt geworden, wie viele kommunikative Herausforderungen Sie täglich zu bewältigen haben? Um so erstaunlicher ist es, daß Rhetorik weder an Schulen noch an Universitäten Gegenstand systematischer Ausbildung ist. Ganz offensichtlich bleibt dieses Gebiet dem Selbststudium und dem Sammeln von Erfahrungen überlassen. Vor diesem Problem steht man in seiner Muttersprache; wie frustrierender muß das Gefühl der Unbeholfenheit aber erst in einer Fremdsprache sein! Man hält sich zurück, oder wenn man spricht, ist man auf eine beschränkte Anzahl von Standardformulierungen angewiesen, die nicht selten zu Mißverständnissen und Irritationen führen. Noch peinlicher ist es, wenn eine mangelhafte sprachliche Ausdrucksfähigkeit Zweifel an der persönlichen Sachkompetenz aufkommen läßt.

Der vorliegende Leitfaden ist kein Lehrheft. Aufbauend auf soliden Kenntnissen der Fremdsprache soll er dazu beitragen, Ihren Wissensschatz an nützlichen und wohlnuancierten Formulierungen, Redewendungen sowie rhetorischen Verbindungsstücken in der englischen Sprache zu erweitern. Auf dieser Grundlage lassen sich bestimmte sprachliche Reaktionsweisen im Diskussionsverlauf trainieren, die es erleichtern, Ihre Argumente in einer Debatte wirksam anzubringen.

Ziel der Autoren ist es, Ihnen ein tatsächliches Arbeitsmittel an die Hand zu geben. Die Struktur des Buches ist darauf abgestimmt, eine Diskussion - unabhängig von Thema und Beteiligten - in bestimmte, immer wiederkehrende Etappen zu gliedern. Damit ist ein schneller Zugriff auf die für eine bestimmte Aktion/Reaktion gewünschten Formulierungen möglich. In jedem Abschnitt werden Sie eine Auswahl von Redewendungen finden, die ein weites Spektrum von Nuancierungsmöglichkeiten bietet. So werden Sie in die Lage versetzt, unterschiedlichste Situationen in Diskussionen auf kommerziellem, politischem oder wissenschaftlichem Gebiet zu meistern.

Diese Publikation ist ein zweisprachiges, deutsch-englisches Handbuch, das einen parallelen Überblick über die deutsche und englische Diskussionssprache gibt. Ein solches Bauprinzip hat zwei große Vorzüge: Zum einen läßt sich das Buch sowohl von Deutsch- als auch Englischsprachigen benutzen, zum anderen erlaubt die zweisprachige Darstellung auf gegenüberliegenden Buchseiten ein tieferes Eindringen in die verschiedenen Formulierungen mit ihren Nuancen und Feinheiten. Jederzeit können Sie auf Ihre Muttersprache zurückgreifen. Die in den Abschnitten enthaltenen Anwendungsbeispiele und Benutzerhinweise gestatten darüber hinaus die richtige Interpretation und den situationsadäquaten Einsatz der Redewendungen ohne fremde Hilfe.

Inhaltsverzeichnis

Table of Contents

Benutzerhinweise

Dieser Leitfaden wendet sich an jene Deutsch- und Englischsprachigen, die bereits über solide Grundkenntnisse der jeweils anderen Sprache verfügen, in Diskussionen und Verhandlungen aber noch sprachgewandter und damit sicherer auftreten wollen. Deutschsprachige Leser sollten sich auf den englischen Teil des Texts, englischsprachige Benutzer auf den deutschen Teil konzentrieren.

Wie läßt sich nun der Leitfaden von Ihnen im Einzelfall nutzen? Nehmen wir an, bei Ihnen treten Unklarheiten in bezug auf einen im Verlauf der Diskussion gemachten Vorschlag auf. In welchem Stadium der Diskussion befinden Sie sich also? Sie tauschen Informationen aus. Ein kurzer Blick auf das Inhaltsverzeichnis bestätigt, daß Sie sich in der Phase **Dialog - Informationsfluß** befinden (Kapitel IV) und um **Abklärung/Aufschluß suchen** (Abschnitt 2). Wenn Sie nun in Abschnitt 4.2. nachschlagen, finden Sie auf der linken Buchseite die deutsche, auf der rechten die englische Sprachversion. Jede Seite gliedert sich in drei Segmente: erstens, eine Auswahl von Formulierungen; zweitens, Beispielsätze; drittens, Benutzerhinweise zu grammatischen, stilistischen und taktischen Besonderheiten der Redewendungen.

Bei einer ganzen Reihe von Redewendungen werden Ihnen verschiedene Optionen zur Auswahl angeboten (kenntlich gemacht durch vertikale Balken). In diesem Fall kann analog einer chinesischen Speisekarte ein passendes "Formulierungsmenü" nach eigenem Belieben zusammengestellt werden. In Einzelfällen werden Ihnen auch Klammerausdrücke in den Formulierungen auffallen. Diese sollten nur in einem ganz bestimmten Situationskontext zum Einsatz gelangen, da sie eine bestimmte Haltung des Sprechers signalisieren, dem Gesagten Nachdruck verleihen oder Nuancen zum Ausdruck bringen. Entsprechende Erklärungen befinden sich in den Hinweisen bzw. Beispielsätzen jedes Abschnitts. Sollten dennoch Zweifel fortbestehen, dann können Sie die Erklärungen in Ihrer Muttersprache auf der gegenüberliegenden Buchseite zu Rate ziehen. Die Verwendungshinweise am Ende jedes Abschnitts geben Aufschluß über die Aussagestärke der aufgelisteten Formulierungen. Darüber hinaus wird auf relevante stilistische und taktische Gesichtspunkte beim Einsatz der Redewendungen eingegangen.

Das erste Kapitel ist ein kurzer Abriß der Diskussionssprache. Sein Anliegen ist es, Ihnen einige allgemeine Prinzipien der Vorbereitung und Präsentation von Diskussionsbeiträgen ins Gedächtnis zurückzurufen und jene Stilmittel zu analysieren, die für die Diskussionssprache im Deutschen und Englischen von besonderer Relevanz sind. Ein Glossar zur Konferenzterminologie, das die deutschen und englischen Äquivalente der am häufigsten verwendeten Begriffe zusammenfaßt, befindet sich am Ende des Buches.

A User's Guide

This book is a dual language guide to the language of discussion. The English part is designed to help those native German speakers who already speak English but who wish to enhance their skills. The native English speaker is similarly expected to concentrate on the German part of the book. The phrases and guidance have been prepared with a non-native speaker in mind. Where there is little or no difference between grammatical or stylistic usage in English and German we do not labour the point.

Turning the pages of this book you will notice the particular organization of the material. The step-by-step categorization of a debate is designed to put into your hands a readily accessible aid to discussion in a foreign language. The dual language format of the book allows you to find, on opposite pages, phrases in your mother tongue and their counterparts in the other language.

Let us now see how to use the book:
What stage of the debate are we at? Let us assume that a substantive proposal has been made but you are unclear about certain aspects of it - we are thus at the stage in a debate where we are exchanging information. This is to be found in chapter IV **The Dialogue - Flow of Information**. Each chapter is sub-indexed by section. In our case we turn to section two **Seeking clarification**. Here we find ourselves with, on the right hand page, a selection of English phrases with examples of their application as well as notes on their use. In many cases you are offered a multiple-choice phrase, which should be approached rather like ordering from a Chinese menu. You may take one from column A, one from column B and so forth, allowing many variations on a theme. You will also find certain words included in parentheses: these may be used in the sentence and add some change in tone or emphasis. Where you are in doubt, you may refer to the left hand page, which offers the German counterparts. The notes at the end of each section provide guidance on the relative strength of the phrases, their relevance to more formal or informal gatherings and particular tactical considerations.

Chapter 1 is a short general guide to the language of discussion. It does not purport to be a manual of tactics; nor is it intended to be a survey of grammar. It does, however, deal with the general principles of the preparation and presentation of statements and it provides tips on English/German style in the language of discussion. A glossary of English and German conference terminology may be found at the end of the book.

Kapitel I

Die Diskussionssprache im Deutschen - Einige Tips

Wenn möglich, bleibe hart. Auf jeden Fall bewahre die Ruhe und zeige Geduld. Drücke niemals deinen Opponenten an die Wand und lasse ihm die Chance, sein Gesicht zu wahren. Versetze dich in seine Lage und sieh die Dinge mit seinen Augen. Vermeide rechthaberisches Getue wie den Teufel - es gibt keinen größeren Selbstbetrug.

Basil Henry Liddell Hart

Jede erfolgversprechende Diskussion hat zwei Voraussetzungen: zum einen das klare Verständnis der von Ihnen vertretenen Position, zum anderen den überlegten Einsatz sprachlicher Mittel. Verhandlungen verlangen von Ihnen darüber hinaus die Beherrschung gewisser Verhandlungstechniken und das Vorgehen nach einer bestimmten Taktik.

Dieses Einleitungskapitel erhebt nicht den Anspruch, ein Leitfaden der Verhandlungspsychologie zu sein. Vielmehr soll an allgemeine Prinzipien der Gesprächsführung und an die richtige Vorbereitung einer Diskussion erinnert werden.

Zunächst verlangt jedes Gespräch eine gewisse *innere Einstellung* der Teilnehmer. Dazu zählt die Respektierung der an einer Diskussion Beteiligten als Partner genauso wie die Bereitschaft zuzuhören. Leider wird die Wichtigkeit des *aufmerksamen Zuhörens* oft unterschätzt. Wer aufmerksam zuhört, kann nicht nur angemessen auf Gegenargumente reagieren; ein geduldiger Zuhörer besitzt auch psychologische Vorteile in den Augen seiner Diskussionspartner.

Unverzichtbare Voraussetzung jeder Kommunikation ist eine *solide Sachkenntnis* des Diskussionsgegenstandes. Rhetorik ist kein Ersatz für Fachwissen und kann auch nicht die Unordnung in Ihren Gedanken überspielen.

Chapter I

The Language of Discussion in English - Some Tips

Keep strong, if possible. In any case, keep cool. Have unlimited patience. Never corner an opponent, and always assist him to save his face. Put yourself in his shoes - so as to see things through his eyes. Avoid self-righteousness like the devil - nothing so self-blinding.

Basil Henry Liddell Hart

Successful communication rests upon two pillars - knowing clearly what it is you wish to convey to another person and your linguistic skills in presenting these thoughts verbally. Successful negotiation requires, in addition, tactics and bargaining skills. This book is devoted to the problems faced when you have to be effective in a foreign language.

Discussion and negotiation, no matter how formal or informal, follow a general pattern which includes conveying information, persuasion, anticipating and countering opposing arguments, coercion, bargaining, etc. This book has been structured according to the natural progression found in a debate so that at any stage of a discussion you can easily find language to effectively convey your point. Language, of course, is only the vehicle by which one conveys one's ideas and arguments to others. Language cannot take the place of knowing what it is one wishes to convey and why. In structuring one's arguments one usually follows subconsciously some rules of rhetoric but rarely does one consciously think through the steps required to persuade one's interlocutor(s). The structure of this book will, in itself, help you put order into your thoughts but certain basic guiding principles should also be borne in mind.

You should *be in full command of your subject* - this seemingly obvious point often falls victim to complacency. But it remains the cornerstone of successful negotiation. *Understand clearly your objectives* - do you wish to achieve some definitive action, merely move matters forward or perhaps prevent an action? Once your objectives are

Behalten Sie *Ihre Zielsetzung* während der Diskussion im Auge: Welchen Teil der Gesprächspartner wollen Sie mit welchen Argumenten überzeugen? Was ist Ihre Grundaussage, und wie wollen Sie Einwänden begegnen?

Die Ergebnisse einer Diskussion hängen nicht unwesentlich von der *Atmosphäre* ab, in der diese stattfindet. Überlegen Sie sich daher rechtzeitig, für welche Argumente/Diskussionsformen Ihre Gesprächspartner empfänglich sind und wie Sie gegebenenfalls Hemmungen abbauen können. Beharren Sie nicht nur auf Ihrem eigenen Standpunkt! *Einfühlungsvermögen* kann viele Türen öffnen. Wirken Sie trotz aller Sachlichkeit unterhaltend! Wohl jeder Zuhörer lacht gerne einmal über *etwas Humor und Schlagfertigkeit.*

Die sprachlichen Mittel sind keine bloße stilistische Dekoration. *Ihre Auswahl von Formulierungen richtet sich nach dem Gegenstand der Diskussion, dem Charakter des Gesprächs, den Partnern in der Verhandlung und der persönlich verfolgten Absicht.* So müssen Sie sich überlegen, ob die sprachlichen Mittel lediglich zur Informationsübermittlung bestimmt sind oder handlungsauslösende Wirkungen hervorbringen sollen. Nicht weniger wichtig ist, ob Sie zum Beispiel mit Vorgesetzten, gleichrangigen oder untergeordneten Mitarbeitern verhandeln.

Der Zuhörer muß jederzeit wissen, an welcher Stelle Ihrer Darlegungen er sich befindet. Geben Sie ihm deshalb *ausreichende Orientierungshilfen.* Durch Rückblicke und Zusammenfassungen vertiefen Sie das Verständnis Ihrer Gedanken. Scheuen Sie sich deshalb nicht, wichtige Punkte zu wiederholen, zu illustrieren oder mit anderen Worten zu verdeutlichen!

Viele der in den folgenden sechs Kapiteln zusammengetragenen Formulierungen versuchen, den oben aufgezählten Prinzipien Rechnung zu tragen. Im allgemeinen dominieren auch im Deutschen *höfliche Ausdrucksformen* die Diskussionssprache, ihr Gebrauch ist aber nicht so häufig wie im Englischen. Zwar existieren deutsche Äquivalente im Prinzip zu allen englischen Höflichkeitsfloskeln, in der mündlichen Rede werden jedoch oft direktere Ausdrucksformen bevorzugt. Eine Formulierung wie z.B. *I wonder if I might suggest* ... würde im Deutschen groteske Züge annehmen. Selbst bei Diskussionen in akademischen oder diplomatischen Kreisen ist zur Sparsamkeit im Gebrauch von Höflichkeitsfloskeln zu raten. Übertriebene Höflichkeit wird im Deutschen schnell mit Arroganz assoziiert.

Nachfolgend eine kurze Zusammenstellung jener Stilmittel, die zu einem eleganten Diskussionsstil in der deutschen Sprache gehören und die sich faktisch durch alle Abschnitte dieses Leitfadens ziehen:

clear, *how do you intend to achieve them?* This brings one to the realm of structuring one's arguments, the art of persuasion and tactics. It includes the conveying (or witholding) of information, appealing to the emotions, anticipating objections and dealing with them, taking extreme positions in order to make concessions at the bargaining stage, and coercion.

Implicit in what has been said above is that there are always two or more parties to a discussion or negotiation. This must be recognized explicitly. *Acknowledge other participants as partners* in the process. You must *be willing to listen if you wish to persuade.* You may not have anticipated and addressed all possible objections - only by listening carefully can you properly respond. In addition, your negotiating counterpart will be more favourably disposed towards you if you display a readiness to listen - there is hardly a greater irritant in a meeting than the speaker who monopolizes the discussion and appears to be a *know-all.*

Finally your *language must be tailored to the nature of the discussion.* What is the subject under discussion? You can hardly use the same style of language when discussing the need for additional safety measures in the wake of a tragic accident as when discussing the venue for the next office holiday outing. What is the character of the meeting? Will you be in an auditorium, possibly speaking from a lectern or will you be around a table in a small office? Related to this, but by no means synonymous, how formal or informal will the meeting be? Will your partners in the discussion be your equals or will you have to deal with superiors? Also, do not forget that it may not be only you who will be labouring under the disadvantage of having to work in a foreign language - many participants may be listening to your arguments in a language that is not their own. Select language that is clear. Take advantage of the fact that you are speaking and not writing - you can reinforce your meaning with the addition of emphasis and stress on individual words and phrases. You may use *body language*; look your interlocutor(s) in the eyes, use your hands but don't give the impression you are conducting an orchestra. Do not be afraid to keep your sentences short, to repeat an idea in other words, to give illustrations, to rephrase a point in order to add stress or to be sure that you have delivered your message. While word order in English is strict you can depart from the subject, verb, object structure in order to place stress. Be careful, however, in so doing not to introduce ambiguity into your sentence.

Many language forms used in the language of debate have their rationale in some of the above principles. Tenses and formulations commonly used reflect the objective of continuing a dialogue, recognizing that there are other parties with their own views. Thus polite formulations typify the language of debate. The fact that a speaker is using

Personalisierung von Vorschlägen: Ausdrücke wie *ich denke, ich glaube, meiner Meinung/Ansicht nach* verleihen Vorschlägen eine persönliche Note und bekunden ausdrücklich Ihre Bereitschaft, auch andere Auffassungen zu akzeptieren. Beispiel: *Ich denke, wir sollten zum nächsten Tagesordnungspunkt übergehen.*

Nutzung der Frageform: Denken Sie auch daran, daß man Behauptungen in eine Frageform kleiden kann. So lassen sich Formulierungen wie *Ich bin der Meinung, daß ...* oder *Ich schlage vor, daß ...* durch elegante Fragekonstruktionen wie *Denken Sie nicht auch, daß ... ?* oder *Sollten wir nicht ... ?* ersetzen. Wer Fragen stellt, erfährt schneller, was seine Gesprächspartner denken. Darüber hinaus unterstreicht die Frageform Ihre Bereitschaft, auch andere Auffassungen zu respektieren. Ein sehr elegantes Stilmittel ist die rhetorische Frage. Modelle wie *Welche Konsequenzen hat das nun für uns?* oder *Wer unter uns wüßte nicht gern, ... ?* regen die Zuhörer zum Mitdenken an und heben die wichtigsten Gedankengänge hervor.

Ausdrücke des Bedauerns: Einleitungsfloskeln wie *Leider kann ich ..., es tut mir leid, aber ...* oder *zu meinem Bedauern kann ich ...* schwächen die rhetorische Aussageschärfe einer negativen Stellungnahme ab. Sie vermindern das Risiko, daß einer der Partner das Gesicht "verliert" oder die Debatte aggressive Züge annimmt.

polite, gentle forms of speech should not be misinterpreted - they facilitate an exchange of views, they do not indicate weakness. In this connection it is worth noting an important difference between English and German in current use. The German speaker will probably recognize all the polite indirect forms commonly used in English. Indeed almost all have their counterparts in German. The difference is that in oral German they have fallen into disuse, the language used having evolved into more direct forms of expression. Thus to an English audience a German speaker speaking in English but drawing upon German language style can appear brusque. Equally an English speaker speaking in German to a German audience can appear obtuse. Some of the stylistic forms in English are set out below.

Think, feel: These verbs personalize a proposal. You may make a proposal in the form *I think we should go on to the next item* or *I feel we have considered this question sufficiently to be able to come to a decision* and by thus leaving the door open to other opinions it can serve to soften the proposal.

Negative interrogative: Making a proposal in a negative interrogative form is another means whereby a statement may be softened. A proposal may thus be made in the form of a negative question such as *shouldn't we (should we not)?* and *wouldn't (would it not) it be a good idea to ... ?*

Afraid/regret/sorrow: Frequently one hears in spoken English *I regret that ..., I am sorry but* used to introduce rejection of an idea or proposal. The role such formulations play is in that the speaker is recognizing and apologizing in advance that his point is unhelpful.

Contractions such as **I'm (I am), I'd (I would/should), I don't (I do not), I'll (I will/shall), wouldn't (would not), shouldn't (should not)** are common in spoken English. All, in differing degrees, lend a note of informality to a statement. *Wouldn't*, in its use in the negative question form (see above), by its very informality, helps soften a proposal. In contrast, enunciating carefully and with emphasis the non-contracted forms allows the speaker to lay stress where he otherwise could not.

Kapitel II

Die Eröffnung einer Diskussion/Verhandlung

Wer nur begann, der hat schon halb vollendet. Wage es, weise zu sein, beginne !

Horaz

In der Regel eröffnet der Tagungs- bzw. Diskussionsleiter die Gesprächsrunde. Seine Einleitungsbemerkungen sind kurz, sehr höflich und dem Rahmen entsprechend förmlich gehalten.

Der Eröffnung folgt eine kurze Diskussion zur Annahme der Tagesordnung. Selbst die informellste Sitzung muß eine von allen Teilnehmern akzeptierte Themenpalette und Vorgehensweise besitzen.

Die vorliegende Diskussionsphase ist für die Wahrung Ihrer Interessen und Verhandlungsziele von entscheidender Bedeutung. Ein guter Einstieg ist schon der halbe Erfolg. Achten Sie darauf, daß die Tagesordnung nicht überladen ist, die für die Erreichung Ihres Verhandlungsziels entscheidenden Punkte aber enthält.

Vergessen Sie schließlich nicht, daß dies die erste Phase des "Aushandelns" ist. Um etwas zu erhalten, werden Sie auch geben müssen.

Chapter II
Opening Remarks

He who has begun has half done.
Dare to be wise, begin !

Horace

At the opening of a meeting some welcoming remarks are usually made by the Chairperson. This is then followed by some form of agreement or endorsement of the agenda of the meeting. Even the most informal meeting must have some agreed structure.

This stage is vital to your interests - the agenda must include the items you wish to deal with and ideally should not be cluttered with issues that are not central to your concerns.

This is the first stage of bargaining, you may have to give if you wish to get.

2.1. Den Anfang machen

- **Ich habe die Ehre, . . . für eröffnet zu erklären.**
- **Darf ich um Ihre (geschätzte) Aufmerksamkeit bitten?**
- **Ich denke, wir sollten | Vielleicht sollten wir — anfangen. | beginnen.**
- **Sollten wir nicht — anfangen? | beginnen?**
- **Lassen Sie uns — beginnen. | anfangen. | zur Sache kommen.**

- *__Ich habe die Ehre,__ die neunte Tagung der Arbeitsgruppe über Maßnahmen zur Erhaltung des tropischen Regenwaldes __für eröffnet zu erklären.__*
- *Um keine Zeit zu verlieren - __sollten wir nicht anfangen?__*
- *Aus Zeitgründen - __lassen Sie uns beginnen.__*

Rahmen und Form von Diskussionen bestimmen auch die Art des Diskussionsstarts. Nicht nur die Zahl der Teilnehmer unterscheidet sich, sondern auch die Räume, in denen Diskussionen stattfinden. Diskussionen im kleinen Rahmen können jedoch genauso förmlich wie Tagungen in einem Auditorium sein.

In der Regel werden die oben zusammengestellten Formulierungen vom Tagungsleiter gebraucht. Die erste Redewendung hat sehr förmlichen Charakter und ist auf das Konferenzparkett zugeschnitten.

Die Redewendungen drei bis fünf haben einen sehr direkten Ton. Sie sollten durch kleine Einleitungsfloskeln wie

- *Um die Dinge nicht (unnötig) in die Länge zu ziehen - . . .*
- *Um keine Zeit zu verlieren - . . .*
- *Aus Zeitgründen - . . .*

ergänzt werden. Die beiden letzten Beispielsätze illustrieren eine solche Konstruktion. Achtung: Des Wohlklangs halber sollten die Einleitungsfloskeln bei der Wendung "Ich denke, wir sollten anfangen/beginnen" hinter "ich denke" eingeschoben werden: *Ich denke, __um keine Zeit zu verlieren__, sollten wir anfangen.*

2.1. Getting under way

- **I have the honour to declare the . . . open.**
- **May I have your attention please?**

		begin.
I think we	**might**	**get under way.**
Perhaps we	**should**	**start.**
		get started.

	begin?
Shall we	**get under way?**
I wonder whether we should not	**start?**
	get started?

(Right,)		**begin.**
(O.K.,)	**let's**	**start.**
		get down to business.

- *__I have the honour to declare the__ ninth session of the working party on the preservation of the tropical rain forest __open.__*
- *So as not to lose time, __shall we begin?__*
- *In view of the time, __let's begin.__*

Meetings may involve many or few participants, they may take place in large conference rooms or small offices. A meeting in a small room may be just as formal as one in an auditorium.

Usually the above remarks would be made by the chairperson of the meeting.

The first phrase is only applicable to the most formal of meetings.

The last three phrases above may be preceded by a number of short phrases which provide a justification for the proposal to begin such as

- *In order not to delay matters . . .*
- *So as not to lose time . . .*
- *In view of the time . . .*

This is illustrated in the second and third sample sentences.

2.2. Die Teilnehmer begrüßen

Durch den Tagungsleiter/Gastgeber:

• **Im Namen**	**der Unternehmensleitung** **von Herrn Krause** **. . .**	**möchte ich Sie herzlich begrüßen.**

• **Es ist mir eine große Freude,** **Ich freue mich,**	**Sie zu . . .**	**zu begrüßen.** **begrüßen zu können.**

• **Ich freue** **Es freut**	**mich, daß Sie**	**hier sein können.** **kommen konnten.**

• **Schön, daß Sie hier sind.**

Seitens der Teilnehmer:

• **Zunächst möchte ich sagen, wie**	**glücklich** **froh**	**ich bin, . . .**

• **Ich freue mich sehr, daß ich zur Teilnahme an . . . eingeladen worden bin.**

• **Es ist schön, hier zu sein.**

· ***Im Namen*** *meiner Abteilung* ***möchte ich Sie herzlich begrüßen.***

· ***Zunächst möchte ich sagen, wie froh ich bin,*** *an diesem Treffen teilnehmen zu können.*

· ***Ich freue mich sehr, daß ich zur Teilnahme an*** *diesem Seminar über Meeresbodenbergbau* ***eingeladen worden bin.***

Die Eröffnungsbemerkungen einer Tagung haben in der Regel einen förmlichen Stil.

2.2. Welcoming remarks

By the Chairman/Host:

- **On behalf of** | **the management** / **Mr. Lawrence** / **. . .** | **allow me to extend a warm welcome to you.**

- | **Its a (great) pleasure to** / **I'm glad to** | **welcome you to . . .**

- **I'm glad you could** | **make it.** / **come.**

- **Thanks for coming.**

On the part of participants:

- **Let me say at the outset how happy I am to . . .**

- **I am delighted to have been invited to participate in this . . .**

- **It's good to be here.**

- ***On behalf of*** *my department* ***allow me to extend a warm welcome to you.***
- ***Let me say at the outset how happy I am to*** *attend this meeting.*
- ***I am delighted that I have been invited to participate in this*** *seminar on deep-sea mining.*

Regardless of the degree of formality of a meeting, opening remarks tend to assume a rather stylized nature.

2.3. Gegenstand / Zweck der Diskussion präzisieren

- **Das Anliegen / Der Zweck der heutigen Tagung / Sitzung ist (es), eine Entscheidung über ... zu treffen. / fällen.**

- **Es ist unsere Aufgabe, / Unsere Aufgabe besteht darin, Empfehlungen für ... auszuarbeiten. / ... zu erörtern. / zu diskutieren.**

- **Was wir (heute) diskutieren wollen, ist ...**

- **Womit wir uns heute befassen wollen, ist ...**

- **Dies ist ein günstiger Zeitpunkt, / Mit ... ist nun ein günstiger Zeitpunkt gekommen, um ... zu diskutieren.**

- **Diese Sitzung bietet (uns) eine gute Gelegenheit, ...**

- ***Das Anliegen der heutigen Sitzung ist es, eine Entscheidung über*** *die Verlegung der Forschungsabteilung weg vom Hauptsitz* ***zu treffen.***

- ***Mit*** *der Annahme des Gesetzes über die Ausbildungsreform* ***ist nun ein günstiger Zeitpunkt gekommen, um*** *über die Einstellung neuer Lehrer* ***zu diskutieren.***

- ***Diese Sitzung bietet uns eine gute Gelegenheit,*** *Gedanken über Absatzstrategien auszutauschen.*

Die ersten vier Formulierungen konkretisieren ausschließlich die inhaltlichen Schwerpunkte einer Diskussion. Die letzten zwei Redewendungen betonen dagegen den günstigen Zeitpunkt für den Gedankenaustausch zu einem Thema.

2.3. Stating the purpose

- **The | objective / purpose | of today's | meeting / session | is to take a decision on . . .**

- **The task before us is to | draw up recommendations on . . . / consider . . . / discuss . . .**

- **What we have to discuss (today) is . . .**

- **What we need to deal with today is . . .**

- **This is | an opportune moment / a good time | to discuss . . .**

- **This meeting provides a good opportunity to . . .**

- ***The purpose of today's meeting is to take a decision on*** *relocating the research department away from Headquarters.*

- ***This is an opportune moment to discuss*** *recruitment of teachers now that the education reform bill has been adopted.*

- ***This meeting provides a good opportunity to*** *exchange ideas on marketing approaches.*

The first four formulations above deal exclusively with the purpose or subject of a meeting whereas the remaining two introduce a notion of timeliness.

2.4. Tagesordnung: Ergänzungen/Änderungen vorschlagen

- **Ich** | **schlage vor,** / **möchte vorschlagen,** | **daß wir der Tagesordnung** | **folgendes hinzufügen: ...** / **. . . hinzufügen.**

- **Erlauben** / **Gestatten** | **Sie mir,** | **die folgenden Bemerkungen zur Tagesordnung zu machen: . . .** / **folgendes zur Tagesordnung zu bemerken: . . .**

- **Sollten wir** | **nicht . . . (von der Tagesordnung) streichen?** / **(der Tagesordnung) nicht . . . hinzufügen?** / **die Tagesordnung nicht durch . . . ergänzen?**

- **Ich denke, ein Punkt, den wir diskutieren sollten, ist . . .** / **Ein Punkt, der diskutiert werden muß, ist . . .**

- **Sollten wir nicht (auch) . . .** / **Lassen Sie uns (doch auch) . . .** | **diskutieren?** / **behandeln.**

- ***Ich möchte vorschlagen, daß wir der Tagesordnung*** *die Frage des Werbebudgets für das nächste Jahr* ***hinzufügen*** .

- ***Sollten wir die Tagesordnung nicht durch*** *einen speziellen Punkt über die gleiche Entlohnung für Frauen* ***ergänzen?***

- ***Ich denke, ein Punkt, den wir diskutieren sollten, ist*** *die Konsequenz, die eine verspätete Lancierung des Projekts für die erwarteten Einnahmen hat.*

Obwohl Stil und Grad der Höflichkeit der Redewendungen dieses Abschnitts variieren, haben alle in etwa die gleiche Aussagestärke.

2.4. The agenda: making comments / changes

- **I 'd / would / should (like to) suggest / propose that we add to the agenda: . . .**

- **Please allow me to / May I make the following remarks about the agenda: ...**

- **I wonder if I might suggest that we delete . . . / add . . .**
  I wonder if we shouldn't think about adding . . .

- **One / An item I feel we should discuss is . . .**

- **I think we should (also) take up . . . / deal with . . .**
  Let's take up the problem / the question of . . .

- ***I would propose that we add to the agenda*** *the question of the advertizing budget for next year.*

- ***I wonder if we shouldn't think about adding*** *an item specifically on equal pay for women.*

- ***One item I feel we should discuss is*** *the implication of delays in project launch on projected earnings.*

Although differing in style and apparent degrees of politeness all the phrases above effectively carry the same weight.

2.5. Tagesordnung: Vorschläge zurückweisen

- **Ich halte es für keine / Es ist (sicherlich) keine | gute Idee, . . .**
- **Ich schlage vor, daß wir | unsere Diskussion auf . . . / uns auf . . . | beschränken.**
- **Es fällt mir schwer, . . . zu akzeptieren.**
- **Auch ohne (der Tagesordnung) . . . hinzuzufügen, haben wir heute bereits genug zu behandeln.**
- **Ich kann dem Vorschlag, . . . | hinzuzufügen, / zu streichen, | nicht zustimmen.**
- **Meine Weisungen | lassen es nicht zu, / gestatten es nicht, | . . .**

- ***Es ist sicherlich keine gute Idee,*** *unsere Tagesordnung mit zusätzlichen Punkten zu belasten.*
- ***Ich schlage vor, daß wir uns auf*** *jene Tagesordnungspunkte* ***beschränken,*** *für die Unterlagen zur Verfügung stehen.*
- ***Es fällt mir schwer,*** *eine derart weitgehende Abweichung von der vereinbarten Tagesordnung* ***zu akzeptieren.***
- ***Auch ohne der Tagesordnung*** *weitere Punkte* ***hinzuzufügen, haben wir heute bereits genug zu behandeln.***
- ***Ich kann dem Vorschlag,*** *unserer bereits langen Tagesordnung einen weiteren Punkt* ***hinzuzufügen, nicht zustimmen.***
- ***Meine Weisungen lassen es nicht zu,*** *eine Diskussion über die finanziellen Aspekte des Vorschlags zu führen.*

Die Redewendungen dieses Abschnitts sind nach zunehmendem Grad der Ablehnung angeordnet. Die letzte Formulierung ist sehr förmlich und zumeist nur bei Verhandlungen auf Regierungsebene gebräuchlich.

2.5. The agenda: resisting proposals

- **I don't think it's a good idea to . . .**
- **I suggest we | limit / confine | ourselves to (discussing) . . .**
- **I find it rather difficult to accept . . .**
- **We have enough to do today without adding . . .**
- **I can't agree to the proposal | to add . . . / to remove . . .**
- **My instructions do not | permit / allow | me to . . .**

- ***I don't think it's a good idea to*** *burden our agenda with additional items.*
- ***I suggest we confine ourselves to*** *the items for which supporting documentation is available.*
- ***I find it rather difficult to accept*** *such a radical departure from our agreed agenda.*
- ***We have enough to do today without adding*** *more items.*
- ***I can't agree to the proposal to add*** *a further item to our already full agenda.*
- ***My instructions do not permit me to*** *enter into discussions on the financial aspects of the proposal.*

The phrases in this section are ordered in terms of increasing strength. The final phrase is very formal and largely confined to governmental or diplomatic meetings.

2.6. Tagesordnung: Vorschläge modifizieren

• Wir könnten diese	Punkte Gesichtspunkte Fragen	im Rahmen . . . unter . . .	behandeln.

• Der Punkt Die Frage der Die Problematik der	. . . könnte in Verbindung mit . . .	behandelt erörtert	werden.

• Ich denke, die von Ihnen vorgeschlagene Problematik ist	bereits schon	im Tagesordnungspunkt ...	erfaßt. enthalten.

• Hinsichtlich Bezüglich	des Vorschlags . . . überlege ich, ob es nicht besser wäre, . . .

• Ich möchte vorschlagen, daß wir die Punkte in der folgenden Reihenfolge behandeln: . . .

· ***Wir könnten diese Frage unter*** *der Rubrik "Sonstiges"* ***behandeln.***

· ***Die Frage der*** *Erschöpfung mineralischer Rohstoffe* ***könnte in Verbindung mit*** *dem Tagesordnungspunkt zu synthetischen Substituten* ***erörtert werden.***

· ***Ich denke, die von Ihnen vorgeschlagene Problematik ist bereits im Tagesordnungspunkt*** *über den erweiterten Versicherungsschutz* ***erfaßt.***

· ***Hinsichtlich des Vorschlags,*** *einen neuen Tagesordnungspunkt zur Wasserverunreinigung aufzustellen,* ***überlege ich, ob es nicht besser wäre,*** *die diesbezüglichen inhaltlichen Fragen im Rahmen eines erweiterten Tagesordnungspunktes 4 über allgemeine Umweltprobleme zu behandeln.*

Anliegen dieses Abschnitts ist es, einen Kompromiß zur Tagesordnung zu erzielen. Dementsprechend haben alle Formulierungen einen höflichen Stil.

2.6. The agenda: modifying proposals

- **We could | treat / deal with | these | points / questions | under . . .**

- **The | issue / question | of . . . might be considered in conjunction with . . .**

- **I believe the issue you have suggested is already covered by the item on . . .**

- **In view of the proposal to . . . , wouldn't it be better to . . . ?**

- **I would like to propose that we take up the items in the following order . . .**

- ***We could deal with these questions under*** *the item "Other business".*

- ***The issue of*** *mineral resource depletion* ***might be considered in conjunction with*** *the item on synthetic substitutes.*

- ***I believe the issue you have suggested is already covered by the item on*** *extended insurance coverage.*

- ***In view of the proposal to*** *introduce a new item concerning water pollution,* ***wouldn't it be better to*** *subsume the substance of this in an expanded item 4 which would cover general environmental concerns?*

In that compromise is being sought the phrases take a generally polite form.

Kapitel III
Die Darstellung des eigenen Standpunktes

Eine unklare Rede ist ein blinder Spiegel.

Chinesisches Sprichwort

Nach Verabschiedung der Tagesordnung hat jeder Teilnehmer die Gelegenheit, seinen Standpunkt zu den wesentlichen Aspekten des Diskussionsgegenstandes darzulegen. Eine übersichtliche Strukturierung Ihres Vortrags ist besonders wichtig, da der Hörer wie bei einem Museumsrundgang durch Ihre Gedanken geführt werden will. Teilen Sie den Informationsfluß in für die Zuhörer verdauliche Portionen auf! Scheuen Sie sich nicht, bestimmte Gedanken zusammenzufassen oder zu wiederholen, besonders dann, wenn es sich um Kernpunkte Ihrer Argumentation handelt!

Eine Sprache, die die Zuhörer verwirrt, ist wenig hilfreich. Im Ausdruck sind Klarheit und Einfachheit gefragt. Bemühen Sie sich, kurze Sätze zu formulieren, und vermeiden Sie, die Zuhörer zu überfordern! Vergessen Sie auch nicht, daß ein Teil des Publikums Ihnen in einer Fremdsprache folgen muß!

Nutzen Sie Ihren Diskussionsbeitrag in erster Linie dazu, Ihre Argumente zu vertiefen und zu erweitern! Heben Sie die Kernpunkte Ihrer Argumentation hervor, und veranschaulichen Sie schwierige Zusammenhänge so oft wie möglich! Taktisch klug ist es ferner, durch geschicktes Abwägen Ihrer Argumente Einwände vorwegzunehmen.

Erwarten Sie von Ihren Zuhörern nicht, Zusammenhänge zu verstehen, über die Sie sich selbst im unklaren sind! Sachkompetenz allein genügt aber nicht. Ohne ausreichende Klarheit über das eigene Verhandlungsziel können Sie keine effektive Diskussionsstrategie verfolgen.

Es ist nicht unwichtig, ein Gespür für die Reaktionen seiner Zuhörer zu besitzen. Versuchen Sie möglichst früh zu lokalisieren, aus welcher Ecke Unterstützung und von wo Widerstand zu erwarten ist!

Und schließlich vergessen Sie nicht: *Vorträge, die in Stunden gemessen werden, sterben mit den Stunden (Thomas Jefferson)!*

Chapter III

Presenting Your Arguments

An obscure speech is a tarnished mirror.

Chinese Proverb

Having reached an understanding on the agenda, the chairperson will invite participants to turn to the substantive matters and make initial presentations. In this first opportunity to present your case you need to develop your arguments in an orderly manner, give examples where useful, place stress on what you consider to be important points, anticipate objections and bring your thoughts together so that your interlocutors understand clearly your position and proposals.

Do not expect your audience to understand you if your thoughts are not clear in your own mind. To be in command of one's subject is not sufficient, you must also clearly understand your objectives. If your objectives are unclear you cannot evolve an effective strategy.

A second guiding principle is to understand your audience. Anticipate where support and resistance is to be found - structure your arguments to maximize the former and neutralize the latter. Tailor your language to the nature of the audience - argumentation that loses or confuses an audience cannot succeed. Moreover, bear in mind that members of your audience may be having to follow you in a language which is not their mother tongue. This lends added support to the need for simplicity and clarity.

An additional pointer is to carve your arguments into digestible portions and, where useful, repeat and summarize them.

The phrases given in this chapter will help you present your arguments in an ordered and clear fashion.

Finally do not forget: *speeches measured by the hour die with the hour (Thomas Jefferson).*

3.1. Die ersten Worte

Einleitend **Eingangs**	**möchte ich**	**sagen, daß . . .** **in Erinnerung rufen, daß . . .** **. . . in Erinnerung rufen.**

Meiner Ansicht nach ist . . . **Ich denke, . . . ist**	**das Grundproblem.** **die Hauptfrage.** **die Kernfrage.**

Es gibt	**eine ganze Reihe von Punkten,** **verschiedene / einige Fragen,**	**die ich hier**	**anschneiden** **zur Sprache bringen**	**möchte: ...**

Lassen Sie mich **Ich möchte**	**mit Ihnen einige Gedanken zu . . . austauschen.**

Der Hintergrund zu	**diesem Thema** **dieser Problematik**	**ist . . .**

- **Um den Stein ins Rollen zu bringen, lassen Sie mich sagen, daß . . .**

- ***Einleitend möchte ich*** *die von mir auf unserer letzten Beratung gemachten Bemerkungen* ***in Erinnerung rufen.***
- ***Meiner Ansicht nach ist*** *die mangelhafte Qualitätskontrolle durch unseren Hauptlieferanten* ***das Grundproblem.***
- ***Lassen Sie mich mit Ihnen einige Gedanken zur*** *Verbesserung des Rufes unseres Unternehmens und seiner Produkte (in der Öffentlichkeit)* ***austauschen.***
- ***Der Hintergrund zu dieser Problematik ist*** *das Schrumpfen unseres Marktanteils.*

Eine Wortmeldung im Anfangsstadium einer Diskussion ermöglicht Ihnen, bestimmte Akzente für die Richtung und den weiteren Verlauf der Diskussion zu setzen.
Die letzte Redewendung hat informellen Charakter.

3.1. The first words

Let me	**begin by**	**saying . . .**
I would like to		**noting . . .**
		recalling . . .

As I see it	**the**	**basic**	**issue**	**is . . .**
In my view		**main**	**problem**	
I feel		**essential**		

There are	**a number of**	**points**	**I**	**'d**	**like to**	**make . . .**
	several	**questions**		**would**		**raise . . .**
	some			**should**		

I	**'d**	**like to share with you a few thoughts on . . .**
	would	
	should	

- **The background to this issue is . . .**
- **I'd like to kick off by saying . . .**

- ***I would like to begin by recalling*** *the remarks I made at the last meeting.*
- ***In my view the main problem is*** *the poor quality control by our principal supplier.*
- ***I would like to share with you a few thoughts on*** *how the public perception of our company and its products might be improved.*
- ***The background to this issue is*** *the decline in our market share.*

A statement at an early stage in a meeting allows you to present your priorities and to influence the direction the discussion takes.

The final phrase is very informal.

3.2. Argumente vertiefen und erweitern

- **Ferner ist es wichtig** | **zu berücksichtigen, daß ...** / **anzumerken, daß ...**

- **Des weiteren möchte ich** | **hervorheben, daß ...** / **betonen, daß ...** / **darauf** | **hinweisen, daß ...** / **verweisen, daß ...**

- | **Was sind (nun) die Konsequenzen dieses Vorschlags?** / **Man fragt sich (natürlich), welches die Konsequenzen dieses Vorschlags sind.**

- **Ich möchte mich nun ... zuwenden.**

- **Das bringt mich** | **zum Problem ...** / **zur Frage ...**

- | **Diese Frage** / **Die Frage ...** | **kann nicht losgelöst von ...** | **behandelt** / **erörtert** / **diskutiert** | **werden.**

- ***Des weiteren möchte ich darauf verweisen, daß*** *die geringe Bezahlung die Hauptursache für die hohe Fluktuation der Arbeitskräfte ist.*
- ***Die Frage*** *der Straßenbenutzungsgebühren* ***kann nicht losgelöst von*** *unseren internationalen Verpflichtungen* ***erörtert werden.***

Zur Vertiefung und Erweiterung Ihrer Argumente lassen sich auch viele der in Abschnitt 4.5. **Zusätzliche Informationen liefern** behandelten Redewendungen einsetzen.

Abgesehen von den Formulierungen oben ermöglichen auch zahlreiche einfache Verbindungswörter die Verkettung von Gedanken. Wie in den ersten zwei Redewendungen illustriert, zählen dazu u.a.

- *ferner*
- *des weiteren*
- *weiterhin*
- *außerdem*
- *überdies*
- *darüber hinaus*
- *in diesem Zusammenhang*

Durch rhetorische Fragen, wie in Formulierung drei, regen Sie Ihre Zuhörer stärker zum Mitdenken an.

3.2. Developing the argument

- **Moreover, it is important to note that . . .**

- **Furthermore, I | 'd / would / should | (like to) | single out . . . / highlight . . . / emphasize . . . / draw attention to . . .**

- **What are the implications of this proposal?**

- **I would now like to turn to . . .**

- **This leads me to the | question / problem | of . . .**

- **| This / The question of . . . | cannot be | seen / dealt with | in isolation (from) . . .**

- ***Furthermore, I'd single out*** *low pay as the main cause of our high labour turnover.*

- ***The question of*** *motorway tolls* ***cannot be seen in isolation from*** *our international obligations.*

Most of the phrases in section 4.5. **Providing additional information** may also be used here.

Several simple words or phrases allow you to link and develop your ideas such as:

- *moreover*
- *furthermore*
- *in addition*
- *in this connection*

This is illustrated in the first two phrases above.

Note the rhetorical question form used in phrase three above.

3.3. Sachverhalte veranschaulichen

• Um diesen	Punkt Sachverhalt	zu veranschaulichen, zu verdeutlichen,	lassen Sie	uns . . .	behandeln. in Betracht ziehen.

•	Betrachten wir Nehmen wir	beispielsweise zum Beispiel	. . .

• Als Beispiel möchte ich . . . anführen.

• Zur	Veranschaulichung Illustration Verdeutlichung	will ich . . . möchte ich . . . lassen Sie mich den Fall . . .	anführen. heranziehen.

• Ein typisches Beispiel ist . . .

- ***Um diesen Punkt zu verdeutlichen, lassen Sie uns*** *den Fall der Übertragbarkeit von Rentenansprüchen* ***in Betracht ziehen.***
- ***Nehmen wir beispielsweise*** *die Lebenserwartung eines Rauchers gegenüber der eines Nichtrauchers.*
- ***Zur Veranschaulichung lassen Sie mich den Fall*** *der exterritorialen Durchsetzung der Steuergesetzgebung durch einige Staaten* ***heranziehen.***
- ***Ein typisches Beispiel ist*** *der dramatische Verfall der Preise von Nichteisenmetallen.*

3.3. Giving examples

- **To illustrate this point** | **let us take the case of . . .** / **let's look at . . .**

- **Consider for** | **example . . .** / **instance . . .**

- **Let me** | **give** / **take** / **cite** | **as an example . . .**

- **By way of** | **illustration** / **example** | **I would** / **let me** | **cite the case of . . .** / **quote from . . .**

- **A case in point is . . .**

- ***To illustrate this point let us take the case of*** *transferability of pension entitlements.*

- ***Consider for instance*** *the different life expectancy faced by a smoker vis-à-vis a non-smoker.*

- ***By way of illustration let me cite the case of*** *the extraterritorial enforcement of tax legislation by certain states.*

- ***A case in point is*** *the dramatic decline in non-ferrous metal prices.*

3.4. Bestimmte Punkte hervorheben

- **Ich möchte hervorheben, / unterstreichen, / betonen, daß ...**
- **Lassen Sie mich deutlich machen, daß ...**
- **Es braucht wohl nicht besonders hervorgehoben zu werden, daß ...**
- **Man sollte (sicherlich) (bereits an diesem Punkt) hervorheben, / unterstreichen, / betonen, daß ...**
- **Ich habe keinen Zweifel (daran), / Meiner Meinung nach gibt es nicht den geringsten Zweifel (daran), / Es steht außer Zweifel, daß ...**

- ***Ich möchte unterstreichen, daß*** *trotz hoher Werbeausgaben unsere Verkaufserlöse dürftig geblieben sind.*
- ***Lassen Sie mich deutlich machen, daß*** *- wie auch immer unsere Entscheidung ausfallen mag - ein Abbau von Arbeitskräften unumgänglich sein wird.*
- ***Es braucht wohl nicht besonders hervorgehoben zu werden, daß*** *das Energiesparprogramm mit größerem Nachdruck verfolgt werden muß.*
- ***Meiner Meinung nach gibt es nicht den geringsten Zweifel daran, daß*** *wir zusätzliche Maßnahmen ergreifen müssen, um die Umstellung auf bleifreies Benzin zu unterstützen.*

Die Redewendungen dieses Abschnitts nehmen nach unten hin in ihrer Aussagestärke zu. In ihrer Gesamtheit fallen sie in zwei Kategorien: persönlicher und unpersönlicher Art. Je förmlicher der Rahmen einer Diskussion ist, desto stärker das Bestreben, auf unpersönliche Formulierungen zurückzugreifen.

Nach einem ersten Gedankenaustausch können Sie die Redewendungen oben auch dazu nutzen, um auf einen speziellen Gesichtspunkt zurückzukommen (vergleiche Abschnitt 5.5. **Einer Sache Nachdruck verleihen**).

3.4. Laying stress on a point

- **I would** | **emphasize . . .** / **underline . . .** / **underscore . . .**

- **Let me make it clear that . . .**

- **It hardly needs to be emphasized that . . .**

- **It should be** | **stressed (at the outset)** / **understood (from the outset)** | **that . . .**

- **There** | **is** \| **no doubt** / **not a shadow of doubt** / **can be no doubt** | **in my mind** | **that . . .**

- ***I would emphasize*** *that inspite of our large advertising expenditure sales have remained poor.*
- ***Let me make it clear that*** *whatever our decision redundancies will inevitably occur.*
- ***It hardly needs to be emphasized that*** *the programme on energy saving has to be pursued with renewed vigour.*
- ***There is not a shadow of doubt in my mind that*** *we must take additional measures to encourage the switch to lead-free petrol.*

The phrases in this section are ordered in terms of increasing strength. They fall into two distinct styles: impersonal and personal formulations. The more formal the meeting or discussion the more one would use an impersonal style.

The phrases equally can be employed when returning to and laying stress on a point after an initial exchange of views has taken place (see section 5.5. **Placing emphasis**).

3.5. Argumente abwägen

- **Einerseits . . . , andererseits . . .**
  Auf der einen Seite . . . , auf der anderen (Seite) . . .

Es trifft zu, daß . . .	**Dennoch**	**(meine ich,) . . .**
Es ist wahr, daß . . .	**Trotzdem**	**(bin ich der Auffassung,) . . .**
		(halte ich) . . .

Obwohl	**. . . ,**	**sollte**	**daran erinnert werden, daß . . .**		
Obgleich		**soll**			
		muß			
		darf nicht	**vergessen**	**werden, daß . . .**	
			übersehen		

In aller Fairneß	**sollte**	**man**	**hinzufügen,**	**daß . . . ,**	**jedoch . . .**
Um jeder Seite gerecht zu werden,	**muß**		**erwähnen,**		**dennoch . . .**
			einräumen,		**allerdings . . .**
					aber . . .

- ***Auf der einen Seite** ist das System recht teuer, **auf der anderen Seite** hat es den Vorteil, auf einer ausgereiften Technologie zu basieren.*
- ***Es trifft zu, daß** sich die Inflation in den letzten Monaten beschleunigt hat. **Trotzdem halte ich** einen Eingriff der Regierung zum gegenwärtigen Zeitpunkt für nicht gerechtfertigt.*
- ***Obwohl** der Umsatz in den vergangenen fünf Jahren beeindruckend angestiegen ist, **muß daran erinnert werden, daß** sich das auf Kosten der Gewinnspanne vollzogen hat.*
- ***In aller Fairneß muß man einräumen, daß** nicht alle Parameter eindeutig zu bestimmen sind; um eine Entscheidung kommen wir **dennoch** nicht herum.*

Die ersten drei Redewendungen dienen der Vorwegnahme möglicher Einwände und sind daher taktischer Natur.

3.5. Balancing an argument

- **On the one hand . . . , but on the other hand . . .**

-

Admittedly **Although** **While**	**. . . , nevertheless . . .**

-

While . . ., it	**should** **must**	**be remembered** **not be**	 **forgotten** **overlooked**	**that . . .**

-

In all fairness **To be fair** **To do justice to both sides**	**one should** **one needs to**	**add . . . ,** **include . . . ,** **admit . . . ,** **recognize . . . ,**	**but . . .**

- ***On the one hand*** *the scheme is somewhat expensive,* ***but on the other hand*** *it has the virtue of being based on well tested technology.*

- ***Although*** *it is true that inflation has accelerated in recent months,* ***nevertheless*** *I feel that government intervention is not warranted at this stage.*

- ***While*** *sales have increased impressively in the last five years,* ***it must be remembered that*** *this has been at the cost of our profit margin.*

- ***In all fairness one should admit*** *that not all parameters can be clearly defined,* ***but*** *a decision in principle must be taken.*

The phrases above serve a tactical purpose since they anticipate and respond to objections.

3.6. Text einführen

- **Ich möchte (Ihnen) einen Bericht [über . . . / zu . . .] vorlegen.**

- **Ich möchte Ihnen ein Diskussionspapier vorstellen, das . . . behandelt.**

- **Es freut mich, Ihnen die Studie [über . . . / für . . .] [vorzulegen. / vorlegen zu können.]**

- **[Gestatten / Erlauben] Sie mir, (Ihnen) einen Text [über . . . / zu . . .] [zu präsentieren. / vorzustellen.]**

- ***Ich möchte Ihnen einen Bericht über*** *die von uns zur Senkung des Energieverbrauchs unternommenen Schritte* ***vorlegen.***

- ***Ich möchte Ihnen ein Diskussionspapier vorstellen, das*** *die der Polizei bei der Eindämmung des Rowdytums während Fußballspielen entstehenden Kosten* ***behandelt.***

- ***Es freut mich, Ihnen die Studie über*** *verschiedene Alternativen der ins Auge gefaßten Vorruhestandsregelung* ***vorlegen zu können.***

- ***Gestatten Sie mir, einen Text zum*** *Einfluß unkontrollierter Abholzungen auf die Umwelt* ***zu präsentieren.***

3.6. Introducing text

- **I wish to place | before you / on the table | a report on . . .**

- **I'd like to introduce a paper dealing with . . .**

- **I'm happy to submit for your consideration the study on . . .**

- **| May I / Permit / Allow | me to | present a note on . . .**

- ***I wish to place before you a report on*** *the steps we have taken to reduce energy consumption.*

- ***I'd like to introduce a paper dealing with*** *the policing costs of restraining hooliganism at football games.*

- ***I'm happy to submit for your consideration the study on*** *options for the envisaged early retirement scheme.*

- ***May I present a note on*** *the environmental effects of uncontrolled logging?*

3.7. Auf Text verweisen / Text korrigieren

- **Wenn Sie Seite . . . des (Ihnen vorliegenden) Berichts aufschlagen, ...**
Ich möchte Sie auf Absatz . . . der (Ihnen vorliegenden) Studie verweisen. Dort . . .

- **Abschnitt . . . , Absatz . . . behandelt . . .**

- **Der erste / letzte | Abschnitt / Satz | auf Seite . . .**

- **Einige (inhaltliche) Fehler / Druckfehler | haben sich (offensichtlich) in den | Text / Bericht | eingeschlichen.**

- **Im Text sind | mir / uns | (leider) einige | Flüchtigkeitsfehler / Fehler | unterlaufen.**

- ***Wenn Sie Seite*** *10* ***des Ihnen vorliegenden Berichts aufschlagen,*** *so ist offensichtlich, daß sich unsere frühere Vorhersage des Umsatzpotentials als vorsichtig herausgestellt hat.*
- ***Abschnitt*** *4,* ***Absatz*** *20* ***behandelt*** *die finanziellen Konsequenzen der vorgeschlagenen Verkürzung der Arbeitswoche.*
- *In Beantwortung Ihrer Frage möchte ich darauf verweisen, daß* ***der erste Abschnitt auf Seite*** *5 diesen Punkt behandelt.*

Von der Darstellung des eigenen Standpunktes abgesehen, entsteht im Verlauf einer Diskussion an verschiedenen Stellen die Notwendigkeit, auf schriftliches Material zu verweisen. Sofern dies in Beantwortung einer Frage erfolgt, können Sie - wie im Beispielsatz drei illustriert - den Redewendungen die Einführungsformulierung *In Beantwortung Ihrer Frage* voranstellen.

Die beiden letzten Formulierungen gestatten es Ihnen einerseits, auf Fehler bzw. notwendige Korrekturen in den der Diskussionsrunde bereits vorliegenden Unterlagen hinzuweisen. Andererseits können Sie diese Wendungen auch dazu nutzen, auf kleine Inkorrektheiten in jenem schriftlichen Material aufmerksam zu machen, das Sie gerade Ihren Zuhörern vorstellen.

3.7. Referring to / correcting text

- **If you turn to / I would refer you to | page / paragraph | . . . of the | study / report | (before you) . . .**

- **Section . . . , paragraph . . . | deals with . . . / addresses . . .**

- **The | paragraph / sentence | at the | top / foot | of page . . .**

- **A few | (factual) / (typographical) | errors have crept into the | text. / report.**

- **A couple of | slips / mistakes | have been made in the text.**

- ***If you turn to page** 10 **of the report before you** it is evident that our earlier forecast of sales potential has proved to be conservative.*

- ***Section** 4, **paragraph** 20 **addresses** the financial implications of the proposed reduction in the work week.*

- *In response to your question, **the paragraph at the top of page** 5 addresses this point.*

In addition to the first presentation, a number of occasions arise throughout a discussion where you may need to refer to written material.

Where it is necessary to refer to written material as part of a response to questions raised, the phrases above may be preceded by a phrase such as *In reply/response to your question.*

The last two phrases allow you to introduce corrections to a report or a text which you are in the process of presenting.

3.8. Zum Abschluß kommen

•

Zum Abschluß	möchte ich (noch einmal)	betonen,	daß . . .
Abschließend		hervorheben,	

•

Ich möchte meine Ausführungen abschließen, indem ich (noch einmal) . . .	hervorhebe.
	betone.
	unterstreiche.

•

Um noch einmal zusammenzufassen: . . .
Zusammenfassend möchte ich sagen, daß . . .

•

Es bleibt mir nur noch	zu sagen,	daß . . .
	hinzuzufügen,	

•

Weiter	will	ich	im gegenwärtigen	Stadium unserer Diskussion nicht gehen.
	möchte		in diesem	

- ***Zum Abschluß möchte ich betonen, daß*** *eine aktive Beteiligung des Personals an der Realisierung dieser Vorschläge unabdingbar ist.*
- ***Ich möchte meine Ausführungen abschließen, indem ich noch einmal*** *die Schwachstellen der vorgeschlagenen finanziellen Arrangements* ***hervorhebe.***
- ***Zusammenfassend möchte ich sagen, daß*** *die finanziellen, personellen und ökologischen Dimensionen des Vorschlags nicht voneinander zu trennen sind.*
- ***Es bleibt mir nur noch zu sagen, daß*** *ich einem fruchtbaren Meinungsaustausch zu dieser Frage erwartungsvoll entgegensehe.*

Die ersten drei Formulierungen leiten nicht nur die Schlußsätze Ihres Vortrags ein, sie gestatten auch eine nochmalige Hervorhebung gewisser Punkte.

3.8. Winding up

- **Finally / In conclusion | I | 'd / would / should | like to | emphasize (once more) . . . / reiterate . . .**

- **I'd like to conclude by | highlighting . . . / stressing . . . / underscoring . . .**

- **To sum up (I would say that) . . .**

- **It only remains for me to | say / add | that . . .**

- **This is as far as I wish to go at | the present / this | stage of our discussion.**

- ***In conclusion I would like to emphasize*** *the need for active staff participation in the implementation of these proposals.*

- ***I'd like to conclude by underscoring*** *the weakness of the proposed financial arrangements.*

- ***To sum up I would say that*** *the financial, personnel and environmental dimensions of the proposal cannot be treated separately.*

- ***It only remains for me to add*** *that I look forward to a fruitful exchange of views on this matter.*

The first three phrases above serve to bring to a close your opening remarks and lay emphasis on what you consider critical aspects of the issue.

Kapitel IV

Der Dialog - Informationsfluß

Die meisten Streitigkeiten rühren daher, daß die Menschen entweder ihre eigenen Gedanken nicht richtig darstellen können oder die Gedanken ihrer Gesprächspartner falsch deuten.

Spinoza

Nachdem Sie die Gelegenheit hatten, Ihren Standpunkt darzulegen, beginnt nun die Phase des Informationsaustauschs. Jeder Meinungsstreit setzt ein ausreichendes Maß an Sachinformation über die von den Diskussionsteilnehmern vertretenen Standpunkte voraus. Die vorliegende Diskussionsphase bietet Ihnen die Gelegenheit, durch Rückfragen und Richtigstellung Mißverständnisse auszuräumen und weitere Sachinformationen zu erhalten. Sie legen damit den Grundstein für Ihre Meinungsbildung in Kapitel 5.

Chapter IV

The Dialogue - Flow of Information

Most disputes emerge because people either fail to present their arguments adequately or they misinterpret the arguments of their partners in a discussion.

Spinoza

Once participants have presented their initial arguments one enters a stage where the information is broadened and deepened. This is a critical stage in a discussion where you will wish to best understand proposals by others and to ensure others fully understand your ideas. It is thus a stage where you will seek other views, ask for clarification, request additional information and where you will offer clarification and provide additional information on your proposals. It provides the basis for the subsequent statements of position, supportive or opposing, which are dealt with in chapter V.

4.1. Jemanden zur Stellungnahme auffordern

- **Welchen Standpunkt vertreten Sie zu . . . ?**
  Was ist Ihr Standpunkt zu . . . ?

- **Was / Wie | ist Ihre | Meinung / Auffassung | zu . . . (, Herr Wilke)?**

- **Herr Wilke, was ist Ihre Ansicht dazu ?**
  Vielleicht möchten Sie, Herr Wilke, (kurz) dazu Stellung nehmen ?

- **Was denken Sie über . . . ?**
  Was halten Sie von . . . ?

- ***Was ist Ihr Standpunkt zu*** *dem Vorschlag, das Inventursystem zu überprüfen?*
- ***Was ist Ihre Meinung zum*** *Vorschlag, die Subventionierung der Belegschaftskantine einzustellen?*
- ***Was halten Sie von*** *der Idee, eine flexible Arbeitszeit einzuführen?*

Die Redewendungen dieses Abschnitts dienen der Ingangsetzung oder Beschleunigung des Informationsflusses. Die Formulierungen gestatten Ihnen, zurückhaltende Diskussionsteilnehmer gezielt anzusprechen. Die letzte Redewendung eignet sich mehr für eine informelle Diskussion.

4.1. Inviting other views

- **May I ask for your | reaction to . . . ? / thoughts on . . . ?**

- **What is your | opinion / view | on . . . (, Mr. Robertson)?**

- **| I wonder if / Perhaps | you would like to comment, Mr.Robertson?**

- **| What do you | feel / think / How do you feel | about . . . ?**

- ***May I ask for your reaction to*** *the suggestion that the present system of inventory control be reviewed?*

- ***What is your opinion on*** *the proposal that we discontinue the subsidy to the staff canteen?*

- ***How do you feel about*** *introducing flexitime?*

The above phrases serve to solicit views of other participants. The last phrase is more suitable to an informal environment.

4.2. Abklärung / Aufschluß suchen

- **Ich habe Ihren (letzten) Punkt nicht (ganz) / (richtig) verstanden. Könnten / Können Sie ihn noch einmal wiederholen?**
- **Können / Könnten Sie erklären, was Sie unter . . . verstehen?**
- **Kann ich Ihren Bemerkungen entnehmen, daß . . . ? / davon ausgehen, daß . . . ?**
- **Verstehe ich Sie richtig: Wenn Sie sagen, . . . , meinen Sie (damit etwa) / (wirklich), daß . . . ?**
- **Gehe ich richtig in der Annahme, daß . . . ?**
- **Korrigieren Sie mich, wenn ich falsch liege, doch . . .**

- ***Könnten Sie erklären, was Sie unter*** *Verbrauchsgütern* ***verstehen?***
- ***Kann ich Ihren Bemerkungen entnehmen, daß*** *eine Erhöhung der Zinssätze unmittelbar bevorsteht?*
- ***Verstehe ich Sie richtig: Wenn Sie sagen,*** *daß keine weiteren Mittel mehr verfügbar gemacht werden können,* ***meinen Sie damit etwa, daß*** *Teile des Krankenhauses geschlossen werden?*
- ***Gehe ich richtig in der Annahme, daß*** *Ihrer Meinung nach das Lehrer-Schüler-Verhältnis zu großzügig ausfällt?*

Die Notwendigkeit zur Abklärung entsteht aus verschiedenen Gründen. So kann sich Ihr Gesprächspartner nicht klar genug ausgedrückt haben, oder Ihnen sind einige Aspekte seiner Darlegungen entfallen. Darüber hinaus kann eine Bitte um Abklärung als taktisches Mittel zur Hervorhebung fehlerhafter Argumente Ihres Diskussionspartners dienen.

Die vierte Redewendung erfordert ein gewisses Feingefühl. Wenn Sie den Zusatz *damit etwa* einbauen und zugleich betonen, verwandelt sich Ihre Bitte um Abklärung in brüske Ablehnung im Stil: Das kann ja wohl nicht wahr sein! Betonen Sie den Zusatz *damit etwa* nicht, so wandelt sich der Charakter der Formulierung: Sie melden jetzt Vorbehalte an. Verwenden Sie anstelle des Zusatzes *damit etwa* das Wort *wirklich*, erhält die Vergewisserungsfrage einen ironischen Ton im Sinne: Ist das Ihr Ernst?

4.2. Seeking clarification

- **I did not (quite) catch | your point. / that. | Would you mind going over it again?**
- **Could you explain what you mean by . . . ?**
- **Am I to understand (from your remarks) that . . . ?**
- **(Let me see) if I understand you correctly: | when you say . . . , do you (really) mean . . . ?**
- **| Would I be / Am I | correct / right | in assuming that . . . ?**
- **Correct me if I am wrong, but . . .**

- ***Could you explain what you mean by*** *consumer non-durables?*
- ***Am I to understand that*** *an increase in interest rates is imminent?*
- ***Let me see if I understand you correctly: when you say*** *no further funds can be made available,* ***do you really mean*** *that hospital wards will be closed?*
- ***Would I be right in assuming that*** *you believe the pupil/teacher ratio is too generous?*

The need for clarification may arise either because the speaker has not been clear or because the listener has not grasped all aspects of the argument. A request for clarification may also be used as a tactical tool to expose a flawed argument.

The introduction of the word *really* between "do you" and "mean" in the fourth phrase would signal objection by the speaker to the proposal; adding emphasis to the word *really* reinforces the objection almost to the point of ridicule.

4.3. Um zusätzliche Informationen bitten

• **Könnten Sie vielleicht . . .**	**verdeutlichen?**
	präzisieren?
	genauer ausführen?

• **Ich möchte gern**	**mehr**	**über**	**. . . wissen.**
	ein wenig mehr	**zu**	

• **Vielleicht könnten Sie noch (einige) weitere**	**Ausführungen**	**zu . . .**	**machen.**
	Bemerkungen	**über . . .**	

• **Ich**	**hätte**	**gern**	**weitere**	**Informationen**	**darüber, wie . . .**
	möchte		**mehr**		**über . . .**
					zu . . .

• **Ich möchte (Ihnen) (die) folgende Frage stellen: . . .**

- ***Könnten Sie vielleicht*** *den Zeitplan für die Realisierung des Projekts* ***konkretisieren?***
- ***Ich möchte gern mehr über*** *die Annahmen* ***wissen,*** *die der Vorhersage zugrunde liegen.*
- ***Vielleicht könnten Sie noch einige weitere Ausführungen über*** *die Beiträge der Eltern zur Deckung der Kosten des fakultativen Unterrichts* ***machen.***
- ***Ich hätte gern mehr Informationen darüber, wie*** *Ihr Vorschlag (in die Praxis) umgesetzt werden kann.*

Mit den ersten drei Formulierungen wird um zusätzliche Informationen in sehr höflicher Form gebeten. Die letzten beiden Redewendungen sind im Ton direkter, ohne allerdings offensiv zu wirken.

4.3. Requesting additional information

- **Could you be (a little) more specific / precise about . . . ?**
- **I 'd / would / should like / be interested to know / to hear (a little) more about . . .**
- **Perhaps you could / would expand upon the point you made concerning . . .**
- **I'd like more information about . . .**
- **I'd like to ask the following question: . . .**

- ***Could you be more specific about*** *the timetable for implementing the scheme?*
- ***I'd be interested to know more about*** *the assumptions that lie behind the forecast.*
- ***Perhaps you could expand upon the point you made concerning*** *parental contributions towards the costs of optional school studies.*
- ***I'd like more information about*** *how the proposal could be made operational.*

Note the extremely polite forms used in the first three phrases compared to the more direct style of the remaining ones.

4.4. Einen Punkt klar- oder richtigstellen

- **Was ich sagen wollte war: . . .**
  Lassen Sie es mich anders formulieren: . . .
  Was ich zu sagen versuche ist: . . .

Lassen	**die Angelegenheit**	**von einem**	**Blickwinkel**	**aus be-**
Sie uns	**das Problem**	**anderen**	**Standpunkt**	**trachten.**

- **Ich sollte das (vielleicht) erklären: Wenn ich sage . . . , so meine ich damit, daß . . .**

- *Vielleicht habe ich mich nicht deutlich ausgedrückt.* ***Was ich zu sagen versuche ist:*** *Das Ergebnis der gegenwärtigen Lohnverhandlungsrunde beeinflußt entscheidend die Rentabilität der vorgeschlagenen Investition.*

- ***Ich sollte das vielleicht erklären: Wenn ich sage*** *"alle Kosten",* ***so meine ich damit, daß*** *neben den direkten auch die gesellschaftlichen Kosten berücksichtigt werden.*

Die Redewendungen dieses Abschnitts dienen entweder dazu, einer Bitte um Abklärung nachzukommen (vergleiche Abschnitt 4.2. **Abklärung/Aufschluß suchen**) oder ein Mißverständnis aufzuklären, das Ihrer Meinung nach vorliegt. Ihre Absicht, ein Mißverständnis aufklären zu wollen, läßt sich noch dadurch hervorheben, daß Sie den ersten zwei Formulierungen kleine Einleitungsfloskeln wie

- *Ich fürchte, wir haben uns mißverstanden.*
- *Vielleicht habe ich mich nicht deutlich (genug) ausgedrückt.*
- *Mir scheint, wir reden aneinander vorbei.*

voranstellen. Der erste Beispielsatz illustriert eine solche Variante.

Die Unterstellung, es läge ein Mißverständnis vor, kann auch als taktisches Instrument dienen. Unter dem Deckmantel der Aufklärung eines Mißverständnisses können Sie zusätzliche Argumente in die Diskussion einbringen oder bereits erwähnte Punkte in Tiefe und Breite ausbauen (siehe dazu auch Abschnitt 3.2. **Argumente vertiefen und erweitern**).

4.4. Clarifying a point

- **What I wished to say was . . .**
Let me put it another way . . .
The point I'm trying to make is . . .

- **Let's try to look at it / the matter / the problem from another angle: . . .**

- **I should explain that when I said . . . , I meant that . . .**

- *Perhaps I have not made myself clear.* ***The point I'm trying to make is*** *that the outcome of the current round of wage negotiations critically influences the profitability of the proposed investment.*

- ***I should explain that when I said*** *all costs,* ***I meant that*** *social costs should be included as well as direct costs.*

The phrases above either serve to reply to a request for clarification (see section 4.2. **Seeking clarification**) or respond to your feeling that a failure of communication exists. The latter can be made explicit by preceding the first two phrases by:

- *I'm afraid there seems to be a slight misunderstanding.*
- *Perhaps I have not made myself clear.*
- *We seem to be talking at cross purposes.*

This is illustrated in the first sample sentence.

Suggesting that a misunderstanding exists may also serve as a tactical tool. Thus, under the guise of clarification, you may present an additional argument or elaborate on points which you have already made. This allows you to shift your position by subtle reinterpretation of your views (see also section 3.2. **Developing the argument**).

4.5. Zusätzliche Informationen liefern

• Um	das diesen Sach- verhalt	zu veranschaulichen, noch deutlicher zu machen,	lassen Sie mich	hinzufügen, daß ... . . . hinzufügen.

•	Lassen Sie mich Ich will noch	ein Wort	zu über darüber sagen, wie . . .	. . .	sagen. hinzufügen.

• Vielleicht sollte ich	das noch deutlicher machen: . . . noch mehr ins Detail gehen: . . .

• Ohne	ins Detail in alle Details in alle Einzelheiten	gehen zu wollen, lassen Sie mich vielleicht erwähnen, daß . . .

• Sicherlich bringt es uns weiter, wenn ich	hinzufüge, sage,	daß . . .

- ***Um diesen Sachverhalt noch deutlicher zu machen, lassen Sie mich** ein Wort über die Art der in diesem Quartal erhaltenen Kundenbeschwerden **hinzufügen.***
- ***Lassen Sie mich ein Wort darüber sagen, wie** dieser Vorschlag die Mitwirkung der Belegschaft stimulieren würde.*
- ***Vielleicht sollte ich das noch deutlicher machen:** Die Verkaufsprognose geht davon aus, daß die neue Produktlinie noch vor Weihnachten in die Läden kommt.*
- ***Ohne ins Detail gehen zu wollen, lassen Sie mich vielleicht erwähnen, daß** die Hauptbuchhaltung bereits entschieden hat, ein neues Softwaresystem einzuführen.*
- ***Sicherlich bringt es uns weiter, wenn ich sage, daß** ich kein finanzielles Interesse an diesem Vorschlag habe.*

4.5. Providing additional information

- **To shed more light on the situation / matter let me add . . . / allow me to add . . .**

- **Please allow me to add a word about . . .**

- **Perhaps I should be more specific, . . .**

- **Without going into too much detail, I should perhaps mention . . .**

- **I think it would be helpful to add . . . / point out . . .**

- ***To shed more light on the matter let me add*** *a word about the type of customer complaints we have received this quarter.*

- ***Please allow me to add a word about*** *how this proposal would encourage worker participation.*

- ***Perhaps I should be more specific,*** *the forecast of sales assumes that the new product line will be in the shops before Christmas.*

- ***Without going into too much detail, I should perhaps mention*** *that the accounts department has already decided to introduce a new software system.*

- ***I think it would be helpful to point out*** *that I have no financial interest in this proposal.*

4.6. Auf etwas zurückkommen

- Wir scheinen | vom Punkt / von unserem Anliegen / von unserem Mandat | abzuweichen.

- Wenn ich (kurz) noch einmal auf das, was ich | über . . . / zu . . . | schon sagte, zurückkommen | darf. / kann.

- Ich möchte nicht nochmals ausführlich darauf eingehen, doch . . .

- Wie ich (vorher) schon (einmal) | sagte, / erwähnte, | . . .

- Vielleicht können wir | nochmals / noch einmal | auf . . . | zurückkommen. / eingehen. / zu sprechen kommen.

- ***Ich möchte nicht nochmals ausführlich darauf eingehen, doch*** *bedingt ein effektives Programm zur Stimulierung der Frauenbeschäftigung die Bereitstellung angemessener Kinderbetreuungseinrichtungen.*

- ***Wie ich vorher schon einmal erwähnte,*** *läuft die Option für den Erwerb des Grundstücks am Ende dieses Quartals ab.*

- ***Vielleicht können wir nochmals auf*** *die Frage des Versicherungsschutzes* ***eingehen.***

4.6. Returning to a point

- **We appear to be straying from** | **the point. / our purpose. / our mandate.**

- **If I may (just)** | **return / go back / revert** | **(for a moment) / (briefly)** | **to what I was saying about . . .**

- **I do not wish to labour the point but . . .**

- **As I** | **said / mentioned** | **before . . . / earlier . . .**

- **Perhaps we could** | **return to . . . / go back to . . .**

- ***I do not wish to labour the point but*** *an effective programme for encouraging the employment of women requires the provision of adequate child care facilities.*

- ***As I mentioned earlier*** *the purchase option on the property runs out at the end of this quarter.*

- ***Perhaps we could return to*** *the question of insurance cover.*

4.7. Neue Gesichtspunkte einführen

- **Lassen Sie mich noch (kurz)**

auf die Frage ... eingehen.	
das Problem ... ansprechen.	

- **An dieser Stelle möchte ich gern**

... aufgreifen.	
auf ... zu sprechen kommen.	

- **Es gibt noch**

einige	**Dinge,**	**die (hier)**	**erörtert**	**werden müssen.**
(zwei) weitere	**Fragen,**		**berücksichtigt**	

- **Ein anderer**

Gedanke,	**der mir kommt,**	**ist ...**
Einfall,	**den ich habe,**	

- **Mir ist jetzt klargeworden, daß ich**

einige Bemerkungen zu ... hätte machen sollen.
... hätte erwähnen müssen.
einige Worte zu ... hätte sagen sollen.

- ***Lassen Sie mich noch auf die Frage*** *der Zuverlässigkeit der Schätzungen* ***eingehen.***

- ***Mir ist jetzt klargeworden, daß ich einige Worte zur*** *Verfügbarkeit von Facharbeitern am neuen Standort* ***hätte sagen sollen.***

Dieser Abschnitt bildet den Abschluß der Informationsphase im Rahmen einer Diskussion und leitet unmittelbar in den Meinungsaustausch (Kapitel V) über. Um sich ein abschließendes Urteil über die verschiedenen Standpunkte bilden zu können, mag es für Sie nützlich sein, den einen oder anderen bisher noch nicht angesprochenen Gesichtspunkt in die Diskussion einzuführen.

4.7. Introducing new elements

- **I should now like to turn (briefly) to the** | **question / problem** | **of . . .**

- **At this point I** | **'d / would / should** | **like to raise the subject of . . .**

- **There are** | **two / several** | **additional** | **matters / questions** | **which must be considered here.**

- **Another thought that occurs to me is . . .**

- **I now realize that I should have** | **referred to . . . / mentioned . . . / said a few words about . . .**

- ***I should now like to turn to the question of*** *the accuracy of the estimates.*

- ***I now realize that I should have said a few words about*** *the availability of skilled labour at the new location.*

This section represents the final stage of the flow of information leading to expressing views. At this juncture you may feel that additional ideas should be put on the table.

Kapitel V

Der Dialog - Meinungsäußerungen

Eine Diskussion ist unmöglich mit jemandem, der vorgibt, nach der Wahrheit zu suchen, aber glaubt, sie schon zu besitzen.

Romain Rolland

Nachdem alle Diskussionsteilnehmer ihre Standpunkte dargelegt haben und die Chance zu Ergänzungs- und Abklärungsfragen hatten, ist es nun an der Zeit, Position zu beziehen. Sie sprechen sich für oder gegen bestimmte Auffassungen aus oder versuchen, Unterstützung für Ihren eigenen Standpunkt zu erhalten.

Es liegt auf der Hand, daß es sich hier um eine entscheidende Phase im Diskussionsverlauf handelt. Zwar wird es im allgemeinen Ihr Wunsch sein, sich möglichst klar für oder gegen bestimmte Positionen auszusprechen, doch ist es nur selten ratsam, alle Türen für eine Kompromißlösung zuzuschlagen.

Die folgende Diskussionsphase bietet Ihnen eine weitere Gelegenheit, Ihre Argumente darzulegen. Ihre diesbezüglichen Ausführungen müssen sich allerdings an den bisherigen Vorbehalten und Einwänden der anderen Diskussionsteilnehmer ausrichten. Vergessen Sie nicht: Ihre Argumente werden durch simples Wiederholen nicht besser. Ein erfolgreicher Verhandler beeindruckt seine Partner immer dann, wenn er aufmerksam die Gegenargumente verfolgt und diese bei seiner Antwort gebührend berücksichtigt.

Chapter V
The Dialogue - Expressing Views

It is impossible to have a discussion with someone who claims to seek the truth but who thinks he already possesses it.

Romain Rolland

Having carefully listened to the arguments and proposals of other participants and asked for, or provided clarification on points raised, one now moves to a stage where one declares support or opposition to proposals on the table or tries to rally support to one's point of view.

This is a delicate stage in a negotiation since you may wish to be forceful in support or opposition, yet only in rare cases should you at this stage close the door to compromise. The tactics required call for an honest statement of position tempered by concern to avoid closing doors or, through irritating your audience, making them resistant to any further efforts at persuasion on your part.

This stage provides a further opportunity to state your case, but now fine tuning it to the particular concerns expressed by other speakers. Restating an argument is helpful but the key is not to overburden your case with secondary arguments or to leave your listeners with the belief that you have heard nothing and are merely boringly repeating your earlier views. A successful negotiator will flatter his audience by leaving the impression that he has listened to and is responsive to their concerns.

5.1. Zustimmung äußern

(a) Vorbehaltlose Zustimmung

- **Ich stimme**

Ihnen **...**	**gänzlich** **ganz und gar** **völlig**	**zu, daß ...** **zu.**	
mit Ihnen	**völlig** **ganz und gar**	**(darin)** **(dahingehend)**	**überein, daß ...**

- **Ich bin hundertprozentig Ihrer Meinung.**

Ich bin ganz Ihrer	**Meinung,** **Auffassung,**	**daß ...**

Ich akzeptiere	**die Idee** **den Vorschlag**	**ohne Einwand.** **vorbehaltlos.**

Diese Idee verdient unsere	**Zustimmung.** **Unterstützung.** **Rückendeckung.**

Ich denke, ich kann	**mich ... anschließen.** **... beipflichten.**

- ***Ich stimme*** *Ihrem Vorschlag, die Ordnungsstrafen für das Fahren unter Alkoholeinfluß zu erhöhen,* ***völlig zu.***
- ***Ich bin ganz Ihrer Meinung, daß*** *die Verwendung von chemischen Schädlingsbekämpfungsmitteln im Haushalt verboten werden muß.*
- ***Ich denke, ich kann mich*** *dem Antrag, die Diskussion zu Tagesordnungspunkt 3 zu beenden,* ***anschließen.***

Die Abschnitte 5.1.(a) und (b) sowie 5.2.(a) und (b) bilden einen inhaltlichen Block, der von der vorbehaltlosen Zustimmung bis zur energischen Zurückweisung reicht. Die Redewendungen sind so abgestuft, daß sich die letzte Formulierung eines Abschnitts nahtlos an die erste Formulierung des Folgeabschnitts anfügt.

Die Formulierungen oben wurden nach abnehmendem Grad vorbehaltloser Zustimmung geordnet. Sie gehen stufenlos in bedingte Zustimmung (Abschnitt 5.1.b) über.

5.1. Expressing support / agreement

(a) Firm support

• **I**	**'m** **am**	**firmly** **entirely** **fully** **completely** **wholeheartedly**	**in**	**agreement with . . .** **favour of . . .**

- **I couldn't agree more.**

- **I quite agree with . . .**

• **I accept the**	**idea** **proposal** **suggestion**	**without reservation.**

• **This idea deserves our**	**endorsement.** **support.** **backing.**

• **I**	**would** **could**	**associate myself with . . .**

- ***I am completely in agreement with*** *the suggestion that the penalties for drunken driving be raised.*

- ***I quite agree with*** *a ban on the use of chemical pesticides in the home.*

- ***I would associate myself with*** *the motion that we close discussion on item 3.*

Sections 5.1.(a) and (b) and 5.2.(a) and (b) form a continuum stretching from firm support to forceful opposition. As such the tone struck in the final phrase of one section merges with the early phrases at the beginning of the next unit.

The phrases above have been organized in diminishing degree of support (leading to qualified agreement - see section 5.1.b).

(b) Bedingte Zustimmung

• **Ich bin geneigt,**	**Ihrer Idee** **Ihrem Vorschlag**	**zuzustimmen.**

•	**Im Prinzip** **Grundsätzlich**	**stimme ich**	**Ihnen** **dem**	**zu,**	**(je)doch** **aber** **nur**	**. . .**

• **Im großen und ganzen teile ich**	**Ihre Auffassung,** **Ihren Standpunkt,**	**(je)doch** **aber**	**. . .**

• **Mit**	**einigen** **gewissen**	**Vorbehalten** **Einschränkungen**	**könnte** **kann**	**ich . . . unterstützen.**

• **Bis zu einem gewissen Punkt stimme ich Ihnen zu, (je)doch . . .**

• **Es könnte sein, daß Sie**	**damit** **diesbezüglich**	**recht haben, aber . . .**

- ***Grundsätzlich stimme ich dem zu, nur*** *bin ich mir nicht sicher, ob wir schon alle Folgen berücksichtigt haben.*
- ***Im großen und ganzen teile ich Ihren Standpunkt, jedoch*** *glaube ich, daß Sie die Schwierigkeiten beim Finden qualifizierten Personals wahrscheinlich unterschätzt haben.*
- ***Mit gewissen Einschränkungen könnte ich*** *Ihre Idee zur Durchführung einer Arbeitstaktstudie in der Druckerei* ***unterstützen.***
- ***Bis zu einem gewissen Punkt stimme ich Ihnen zu, jedoch*** *bezweifele ich, ob das Projekt innerhalb des vorgesehenen Zeitplans realisiert werden kann.*
- ***Es könnte sein, daß Sie damit recht haben, aber*** *es gibt noch weitere Faktoren, die berücksichtigt werden müssen.*

Bedingte Zustimmung unterscheidet sich von vorsichtiger Ablehnung (nächster Abschnitt) dadurch, daß die Art der Einwände keine grundsätzliche Einigung zwischen den Diskussions- bzw. Verhandlungspartnern ausschließt. Die meisten Formulierungen dieses Abschnitts verlangen allerdings eine Präzisierung der Einwände.

Die Redewendungen oben sind nach abnehmendem Grad der Zustimmung geordnet; die letzte Formulierung kommt schon fast vorsichtiger Ablehnung gleich - siehe Abschnitt 5.2.(a).

(b) Qualified agreement

- **I'm (rather) inclined to agree with your** | **idea.** / **suggestion.** / **proposal.**
- **I** | **agree in principle,** / **basically agree,** | **but . . .**
- **By and large I would accept** | **your** / **the** | **idea,** / **point,** | **but . . .**
- **With certain reservations, I would support your . . .**
- **I agree up to a point, but . . .**
- **You may be right in saying that, but . . .**

- ***I agree in principle, but*** *I'm not sure whether we have explored all the implications.*
- ***By and large I would accept your point, but*** *(I believe) you may have underestimated the difficulty of finding qualified staff.*
- ***With certain reservations, I would support your*** *idea to carry out a time and motion study of the printing department.*
- ***I agree up to a point, but*** *I doubt that the project can be implemented in the time-frame envisaged.*
- ***You may be right in saying that, but*** *there are other factors which need to be taken into account.*

Qualified agreement is subtly different from qualified disagreement (the next section) in that the former implies that you do not consider your reservations to be of such a critical or fundamental nature as to preclude some final agreement emerging.

The phrases have been organized by diminishing degree of qualified agreement leading almost to qualified disagreement in the final phrase - see section 5.2.(a).

5.2. Ablehnung zum Ausdruck bringen

(a) Vorsichtige Ablehnung

- **Ich kann Ihnen nicht ganz zustimmen (, daß . . .).**

- **Ich teile nicht ganz Ihre**

Ich teile nicht ganz Ihre	**Meinung** **Auffassung**	**(, daß . . .).**

- **Ich würde**

Ich würde	**(eigentlich) nicht** **kaum**	**so weit gehen** **(wollen)**	**und sagen, daß . . .** **zu sagen, daß . . .**

- **Ich bin von Ihrem Argument nicht ganz überzeugt.**

- **Hier bin ich anderer Ansicht.**

- **In dieser Beziehung denke ich anders.**
Wenn Sie sagen, daß . . . , gehen unsere Meinungen auseinander.

- ***Ich stimme mit Ihnen nicht ganz überein, daß*** *das Rauchen als kriminelle Handlung eingestuft werden sollte.*

- ***Ich würde nicht so weit gehen und sagen, daß*** *jeder, der eine Schußwaffe im Hause hat, ein auf sein Opfer wartender Mörder ist.*

- ***Wenn Sie sagen, daß*** *sämtliche Kernkraftwerke stufenweise außer Betrieb gesetzt werden müssen,* ***gehen unsere Meinungen auseinander.***

Die Redewendungen sind nach zunehmender Contra-Stellung aufgelistet. Ihr Höflichkeitsgrad nimmt dementsprechend ab.

Im allgemeinen sollten Sie negative Aussagen mit Höflichkeitsfloskeln einleiten, die einen gewissen Grad des Bedauerns ausdrücken. Dazu zählen Floskeln wie *ich fürchte* und *es tut mir leid.*

5.2. Expressing opposition / disagreement

(a) Qualified disagreement

- **I (really) can't quite agree with you (that . . .).**
- **I don't quite share your view (that . . .).**
- **I would hardly go so far as to say . . .**
- **I'm not totally convinced / persuaded by your argument.**
- **I beg to differ.**
- **I (really) must take issue with you on this point. / when you say . . . / here.**

- ***I really can't quite agree with you that** smoking should be treated as a criminal offence.*
- ***I would hardly go so far as to say** that everyone who has a gun in the home is a murderer waiting for a victim.*
- ***I really must take issue with you when you say** all nuclear plants must be phased out.*

The phrases have been organized in ascending order of strength.
Note that it is common to precede statements of disagreement with an apologetic phrase such as *I'm afraid* or *I'm sorry.*

(b) Energische Zurückweisung

- **(Ich | denke,) / meine,) | es wäre (sicherlich) ein Fehler, . . .**

- **Nichts von dem, was ich bisher gehört habe, hat mich davon überzeugt, daß . . .**

- **Es tut mir leid, aber**

Es tut mir leid, aber	**ich bin völlig anderer Meinung.**
	ich muß (Ihnen) widersprechen.
	ich lehne das ab.

- **Wir haben keine andere Wahl, als diese Idee**

Wir haben keine andere Wahl, als diese Idee	**rundweg abzulehnen.**
	zurückzuweisen.

- **Ich kann unter keinen Umständen . . . zustimmen.**

- **Ich lehne**

Ich lehne	**diese Vorstellung**	**gänzlich**	
	diese Idee	**ganz und gar**	**ab.**
	diesen Vorschlag	**rundweg**	

- ***Ich denke, es wäre ein Fehler,*** *so überhastet zu handeln.*

- ***Nichts von dem, was ich bisher gehört habe, hat mich davon überzeugt, daß*** *wir unsere Verkaufsmethoden ändern müssen.*

- ***Ich kann unter keinen Umständen*** *einer Preiserhöhung in der (Studenten-)Mensa* ***zustimmen.***

Die Formulierungen sind nach zunehmendem Grad der Zurückweisung geordnet.

5.2. Expressing opposition / disagreement

(b) Forceful opposition

- **I believe it would be a mistake to . . .**

- **Nothing I have heard thus far has**

Nothing I have heard thus far has	**persuaded**	**me that . . .**
	convinced	

-

I'm afraid,	**I**	**totally disagree**	**(with you).**
I'm sorry,		**have to disagree**	
		don't agree at all.	
		beg to differ.	

- **We have no alternative but to reject this idea outright.**

- **Under no circumstances could I agree to . . .**

-

I am	**decidedly**	**against**	**this**	**idea.**
	entirely	**opposed to**		**proposal.**
	wholeheartedly			

- ***I believe it would be a mistake to*** *act so hastily.*

- ***Nothing I have heard thus far has convinced me that*** *we need to change our sales methods.*

- ***Under no circumstances could I agree to*** *raising prices in the student cafeteria.*

The phrases in this section are ordered in terms of increasing order of strength (of opposition).

5.3. Einwände machen

- **Es läßt sich leicht sagen, daß . . . , / Natürlich kann man sagen, daß . . . ,** | **dennoch . . . / jedoch . . . / nur . . .**

- **Ich werde das Gefühl nicht los,** | **daß . . . / als ob . . .**

- **Der Vorschlag, / Die Idee,** | **daß . . . , hat** | **verschiedene / gewisse / einige** | **Unzulänglichkeiten. / Schwachstellen. / Mängel.**

- **Es ist** | **fragwürdig, / umstritten, / zweifelhaft,** | **ob . . . (tatsächlich) . . .**

- **Ich bin (immer) noch nicht sicher, / Ich habe (nach wie vor) gewisse Zweifel,** | **daß . . . / ob . . .**

- **Ich habe Bedenken, / Ich bin skeptisch, / Ich wage zu bezweifeln,** | **ob** | **die Idee . . . / der Vorschlag . . . / die Vorstellung . . .**

- ***Natürlich kann man sagen, daß*** *gesetzliche Regelungen, die eine Diskriminierung ausschließen sollen, schon seit Jahren bestehen. Das Durchschnittseinkommen der Frauen liegt* ***jedoch*** *nach wie vor weit unter dem ihrer männlichen Kollegen.*
- ***Ich werde das Gefühl nicht los, daß*** *wir den Risiken zu wenig Gewicht beimessen.*
- ***Es ist umstritten, ob*** *die Geburtenrate* ***tatsächlich*** *von Kinderbeihilfen beeinflußt wird.*
- ***Ich habe nach wie vor gewisse Zweifel, ob*** *die Einführung von Eintrittsgebühren für Museen zum gegenwärtigen Zeitpunkt klug ist.*
- ***Ich bin skeptisch, ob die Idee*** *eines erweiterten Lehrplans den Bedürfnissen einer zunehmend technologisierten Gesellschaft entspricht.*

Dieser Abschnitt hat gewisse Ähnlichkeit mit Abschnitt 5.2. (a) **Ablehnung zum Ausdruck bringen - Vorsichtige Ablehnung.**

Der Gebrauch der in der fünften Redewendung auftauchenden Klammerausdrücke *(immer/nach wie vor)* zeigt an, daß Sie bestimmte Argumente bereits abgelehnt hatten und auch deren neuerliche Rechtfertigung für nicht überzeugend halten.

5.3. Raising doubt

- **It is all very well to say . . . , but . . .**
- **I can't help feeling (that) . . .**
-

The	**proposal**	**(that . . .) has some**	**shortcomings.**	
	idea		**deficiencies.**	
	suggestion		**flaws.**	

-

It is open to question	**whether . . .**
It is a moot point	
There is room for doubt	

-

I am (still) not sure	**about . . .**
I (still) have some doubts	**whether . . .**

-

I	**'m sceptical**	**about the**	**idea**	**of**	**. . .**
	'm doubtful		**notion**	**that**	
	have my doubts		**suggestion**		

- ***It is all very well to say*** *anti-discrimination legislation has been in place for many years,* ***but*** *female average income still falls far short of the average for males.*
- ***I can't help feeling that*** *we are not giving due weight to the risks involved.*
- ***It is a moot point whether*** *the birth rate is affected by child support.*
- ***I am not sure about*** *the wisdom of introducing museum entrance fees at this time.*
- ***I'm sceptical about the notion that*** *a broader curriculum will serve the needs of an increasingly technological society.*

This section closely relates to the earlier unit 5.2.(a) **Expressing opposition/disagreement - Qualified disagreement.**

Using the word *still* in brackets in the fifth phrase above would indicate that you accept that arguments have been made but that you have not found them persuasive.

5.4. Auf Einwände reagieren

- **Ich denke, es ist kein stichhaltiges Argument** | **zu sagen,** / **,wenn man sagt,** | **daß...**

- **Ich glaube, es geht zu weit, wenn** | **man sagt, daß . . .** / **gesagt wird, daß . . .**

- **Trotz . . . halte ich daran fest, daß . . .**

- | **Die (vorgebrachten) Einwände** / **Die (gemachten) kritischen Bemerkungen** | **tragen nicht der Tatsache Rechnung, daß ...** / **lassen ... unberücksichtigt.**
  Die (vorgebrachte) Kritik läßt . . . unberücksichtigt.

- | **Ich bin froh, daß Sie diesen Punkt ansprechen.** / **Ihr Einwand ist (aus Ihrer Sicht) (völlig) berechtigt.** | **Dennoch . . .** / **Allerdings . . .**

- ***Ich denke, es ist kein stichhaltiges Argument zu sagen, daß*** *die Eliminierung der durch Autoabgase hervorgerufenen Umweltbelastung das Waldsterben stoppen wird.*
- ***Ich glaube, es geht zu weit, wenn gesagt wird, daß*** *die alten Gestaltungsmuster der springende Punkt unseres Problems sind.*
- ***Trotz*** *des jüngsten Preisanstiegs* ***halte ich daran fest, daß*** *eine weitere Preiserhöhung notwendig ist.*
- ***Die vorgebrachten Einwände lassen*** *die neuen Absatzchancen auf den Märkten Osteuropas* ***unberücksichtigt*** *.*
- ***Ihr Einwand ist berechtigt. Dennoch*** *halte ich diesen Punkt im Hinblick auf unsere Zielsetzung für unbedeutend.*

Die Wahl der sprachlichen Mittel zur Reaktion auf Einwände hängt im allgemeinen von der Art und Schärfe der gemachten kritischen Bemerkungen ab. Auch Ihr Verhandlungsziel spielt eine wesentliche Rolle; die Wahl der Gegenargumente stellt die Weichen, ob sich der Dialog fortsetzen läßt oder ob Sie dessen Abbruch riskieren.

Die erste Redewendung ist sehr direkt, fast aggressiv im Ton.

Die letzte Formulierung ist ein taktischer Schachzug. Einerseits unterstreichen Sie damit die Berechtigung des Einwandes Ihres Gesprächspartners und schlagen einen versöhnlichen Ton an. Andererseits spielen Sie die Bedeutung des Gegenarguments herunter.

5.4. Countering opposing arguments

- **I don't think it's a valid argument to say that . . .**
- **It 's / is going too far to say that . . .**
- **In spite of / Despite . . . I still maintain / feel that . . .**
- **The objections (raised) / The criticisms (made) fail to take account of . . . / recognize . . .**
- **I'm glad you brought that up, / raised this, but . . . / however . . .**

- ***I don't think it is a valid argument to say that*** *eliminating automobile pollution will overcome tree-death.*
- ***It is going too far to say that*** *old designs are the crux of our problem.*
- ***In spite of*** *the recent price increase* ***I still maintain that*** *a further increase is called for.*
- ***The objections raised fail to take account of*** *the new markets to be found in Eastern Europe.*
- ***I'm glad you brought that up, but*** *I think this is a minor point in terms of our overall objective.*

The nature of the opposing argument naturally influences the manner in which you would choose to respond. Equally important is your ultimate objective: either to ensure that the dialogue can continue or to risk breakdown.

The first phrase is very direct, almost aggressive in tone.

Note the tactical response in the final phrase which welcomes the criticism made (and thereby introduces a concessional tone) and then plays down the importance of the point.

5.5. Einer Sache Nachdruck verleihen

- **Dieses Problem kann nicht (so) einfach abgetan / ignoriert werden.**
- **Ich bin davon überzeugt, daß . . .**
- **Die mir vorliegenden / zur Verfügung stehenden Informationen belegen / zeigen eindeutig, daß . . .**
- **Lassen Sie mich nochmals sagen, / betonen, / wiederholen, welche Bedeutung ich . . . beimesse.**
- **Wir sollten . . . nicht / . . . sollten wir nicht unbeachtet lassen. / aus den Augen verlieren. / vernachlässigen.**
- **Lassen Sie uns auf die wesentlichen Fragen konzentrieren: (Das sind) . . .**
  Welches sind (nun aber) die wesentlichen Fragen? . . .

- ***Ich bin davon überzeugt, daß*** *Prämien an sich nicht die Lösung für die Verbesserung des Qualitätsniveaus sind.*
- ***Die mir zur Verfügung stehenden Informationen belegen eindeutig, daß*** *zwischen Alkoholmißbrauch und Verkehrsunfällen ein enger Zusammenhang besteht.*
- ***Lassen Sie mich nochmals betonen, welche Bedeutung ich*** *nichtoperativen Diagnosemethoden* ***beimesse.***
- *Unser eigentliches Ziel, das Niveau der Schulabgänger zu erhöhen,* ***sollten wir nicht aus den Augen verlieren.***

Die Formulierungen oben können durch einige der in Abschnitt 3.4. **Bestimmte Punkte hervorheben** aufgeführten Redewendungen ergänzt werden.

5.5. Placing emphasis

- **This | problem / issue | cannot (simply) be | shrugged off. / dismissed. / ignored.**

- **I'm convinced that . . .**

- **The information to hand amply demonstrates . . .**

- **Let me | say once more / repeat / reiterate | how much / the | importance I attach to . . .**

- **It | 's / is | vital / essential / important | that we | do not lose sight of . . . / keep in mind . . .**

- **Let's stick to the | important / fundamental | question(s) of . . .**

- ***I'm convinced that*** *bonus payments in themselves are not the solution to improved quality standards.*

- ***The information to hand amply demonstrates*** *a strong correlation between alcohol abuse and motor accidents.*

- ***Let me reiterate how much importance I attach to*** *non-invasive diagnostic tools.*

- ***It's vital that we keep in mind*** *our real objective, namely, raising school leaving standards.*

The phrases above can be supplemented by those presented in section 3.4. **Laying stress on a point.**

5.6. Jemanden unterbrechen

- **Es tut mir | (schrecklich) / (furchtbar) | leid, wenn ich Sie unterbreche, doch . . .**

- **| Entschuldigen Sie (vielmals), wenn ich Ihnen ins Wort falle, / Ich unterbreche Sie nur ungern, | aber / doch | . . .**

- **Ich möchte Sie nicht unterbrechen, doch . . .**

- **Wenn ich (kurz) ein Wort | über / zu | . . . sagen darf.**

- **| Könnte / Dürfte | ich an dieser Stelle (vielleicht) etwas sagen ?**

- **Bevor Sie fortfahren, lassen Sie mich | darauf hinweisen, / bemerken, / erklären, | daß . . .**

- ***Es tut mir furchtbar leid, wenn ich Sie unterbreche, doch*** *ich bin am Überlegen, ob wir nicht auch die Rolle, die Frauen in dieser Angelegenheit spielen sollen, berücksichtigen müßten.*
- ***Entschuldigen Sie, wenn ich Ihnen ins Wort falle, doch*** *Sie müssen meinen Vorschlag mißverstanden haben.*
- ***Wenn ich kurz ein Wort zu*** *den dem Modell zugrundeliegenden Annahmen* ***sagen darf.***
- ***Bevor Sie fortfahren, lassen Sie mich darauf hinweisen, daß*** *die von Ihnen angesprochene Problematik im nächsten Tagesordnungspunkt behandelt wird.*

Alle Redewendungen dieses Abschnitts sind sehr höflich. Der zuvorkommende Ton ändert jedoch nichts an der effektiven Wirkung des Unterbrechungsversuchs.

5.6. Interrupting

- **I'm (terribly) sorry to interrupt, but . . .**
- **Forgive / Excuse me for interrupting, but . . .**
- **I don't want to interrupt, but . . .**
- **If I might / could just say a word about . . .**
- **Could / May I come in at this point?**
- **Before you go any further, may I point out . . . / indicate . . . / explain . . .**

- ***I'm terribly sorry to interrupt, but*** *I wonder whether we might not also consider the particular role women ought to play in this matter?*
- ***Forgive me for interrupting, but*** *you must have misunderstood my proposal.*
- ***If I might just say a word about*** *the underlying assumptions of the model.*
- ***Before you go any further, may I point out*** *that the issue you are raising will be taken up under the next item.*

Note the polite style of the phrases. Polite phrases are likely to be as effective as blunt ones.

5.7. Auf Zwischenrufe / Zwischenfragen reagieren

- **Könnten wir | auf Ihren Punkt etwas später zurückkommen? | diesen Punkt (vorerst) zurückstellen?**

- **Wenn Sie sich einen | Moment | Augenblick | gedulden (würden), ich werde auf diesen Punkt etwas später eingehen.**

- **Ich danke für Ihren Hinweis, ich wäre ohnehin (gleich) darauf zu sprechen gekommen.**

- **| Wenn Sie gestatten, | Bei allem Respekt, | dürfte ich meinen Punkt erst zu Ende bringen? | darf ich erst ausreden?**

- **| Würden Sie mich | fortfahren | erst ausreden | lassen? | Darf ich (vielleicht) erst (einmal) . . . zu Ende bringen?**

- **Lassen Sie mich ausreden!**

- ***Wenn Sie gestatten, dürfte ich meinen Punkt erst zu Ende bringen?***

- ***Darf ich vielleicht erst einmal** meinen Gedanken **zu Ende bringen?***

Die letzte Redewendung ist recht brüsk und sollte nur gebraucht werden, wenn Zwischenfragen oder andere Einwürfe unüblich sind.

Die Formulierungen dieses Abschnitts fallen in zwei Kategorien:
Die erste signalisiert Ihre Bereitschaft, den Zwischenruf bzw. die Zwischenfrage später aufzugreifen. Mit der zweiten Kategorie unterstreichen Sie Ihre Absicht, mit Ihren Ausführungen fortfahren zu wollen.

5.7. Handling an interruption

- **Perhaps we could return to your point later on?**

- **If you would bear with me for a moment. I shall | deal with / come to | that point a little later on.**

- **I take your point, and I shall be dealing with that in a moment.**

- **| With your permission I / With all due respect I | 'd / would / should | like to finish | what I was saying. / the point I was making.**

- **| If you would allow me to / If I may | continue? / finish (. . .)?**

- **Let me finish!**

- ***With your permission I'd like to finish the point I was making.***

- ***If I may finish** what I was saying?*

The final phrase is brusque and dismissive. The remaining phrases are polite in form. They fall into two different categories: the first group includes an expression of willingness on your part to consider, at a later stage, the point raised; the second expresses exclusively your intention to complete your statement.

Kapitel VI

Auf ein Ergebnis hinarbeiten

Alles Regieren - in der Tat jede menschliche Errungenschaft und jeder Genuß, jede Tugend und jeder vernünftige Schritt - basiert auf Kompromiß und Verhandlungsgeschick.

Edmund Burke

Dies ist die Phase, in der Verhandlungsgeschick eine ausschlaggebende Rolle spielt. Ein Rat sei dennoch gegeben: Alle Beteiligten werden um so eher bereit sein, sich zu einigen, je mehr sie den Eindruck haben, daß für sie etwas Positives herauskommt.

Ein Ergebnis zu erzwingen, steht jedem Diskussionsteilnehmer frei, dennoch sollten Sie sich über die Kräftekonstellation zwischen den Anwesenden im klaren sein. Druckanwendung birgt immer das Risiko in sich, Gegendruck zu erzeugen oder halbherzige Absichtserklärungen der anderen Verhandlungsparteien hervorzurufen.

Selbstwertgefühle spielen im Einigungsprozeß keine unwichtige Rolle. Wohl keiner verläßt gern den Verhandlungstisch mit dem Gefühl, unterlegen oder gar gedemütigt worden zu sein. Sofern das Verhandlungsergebnis als unpersönliche Bilanz der besten Argumente präsentiert wird, fällt es Ihren Gesprächspartnern um so leichter, bestimmte Positionen aufzugeben.

Chapter VI

Leading to an Outcome

All government - indeed every human benefit and enjoyment, every virtue and every prudent act - is founded on compromise and barter.

Edmund Burke

This stage is where tactical negotiating skills are most called for. Yet, certain basic principles will serve you well.

This is your final opportunity to review your arguments, take evasive measures and bargain. Not all negotiations are zero-sum games, and even where they are, you are most likely to succeed when you present the issue otherwise.

Coercion sometimes may be required, but you must be sure the balance of forces is with you, otherwise it will surely backfire. Coercion, even where successful, leaves you with reluctant parties to an agreement, with all the risks that that entails.

Egos matter, nobody likes to leave a meeting feeling that they have been humiliated. They will therefore put up greater resistance if you present the matter as your gain, their loss. The outcome (your objective) should be presented as an impersonal conclusion based on objective considerations. If you can convey this impression, it will be all the easier for those opposing your views to concede.

6.1. Die Argumente zusammenfassen

- **Wir hatten einen nützlichen Meinungsaustausch, dessen wesentliche Punkte wie folgt zusammengefaßt werden können: . . .**
- **Lassen Sie mich (noch einmal) kurz die Hauptpunkte | zusammenfassen. / rekapitulieren.**
- **Zusammenfassend läßt sich sagen, daß . . .**
- **Ich denke, folgende allgemeine Schlußfolgerungen lassen sich aus der (bisherigen) Diskussion ziehen: . . .**
- **Alle vorgeschlagenen Lösungsvarianten laufen | letzten Endes / letztendlich | darauf hinaus, daß . . . / auf . . . hinaus, ob . . .**
- **Von allen Argumenten, die ich heute gehört habe, war für mich . . . das überzeugendste.**

- ***Zusammenfassend läßt sich sagen, daß** es allgemeine Übereinstimmung hinsichtlich der Notwendigkeit gibt, Arbeitskräfte abzubauen. Differenzen bestehen dagegen nach wie vor in bezug auf die Modalitäten: Frei werdende Stellen nicht wieder zu besetzen oder Entlassungen vorzunehmen.*
- ***Alle vorgeschlagenen Lösungsvarianten laufen letztendlich auf** die simple Frage **hinaus, ob** wir gewillt sind, ein langfristiges Engagement einzugehen und die kurzfristigen Verluste zu akzeptieren.*
- ***Von allen Argumenten, die ich heute gehört habe, war für mich** der Zusammenhang, der zwischen Rauchen und Erkrankungen der Atmungsorgane besteht, **das überzeugendste.***

Die Redewendungen in diesem Abschnitt bilden den Ausgangspunkt für die Phase der Verständigung bzw. Übereinkunft. Prinzipiell kann jeder Diskussionsteilnehmer zu einem geeigneten Zeitpunkt die bisher geäußerten Ansichten zusammenfassen. Davon abgesehen obliegt es in jedem Fall dem Diskussionsleiter beim Übergang zur Einigungsphase, das Meinungsspektrum zu resümieren.

Mit den ersten drei Formulierungen können Sie nicht nur die wesentlichen Argumente rekapitulieren, sondern auch implizite Wertungen in die Zusammenfassung einflechten. Die letzten drei Redewendungen zeigen demgegenüber, wie man Schlußfolgerungen einleiten kann.

6.1. Summing up the argument

- **We have had a useful exchange of views, the main points of which may be summarized as follows: . . .**

- **If I might (just) go over the main points made?**

- **To sum up, we can say that . . .**

- **I think the following general conclusions may be drawn from the discussion: . . .**

- **All the proposed solutions boil down to . . .**

- **The most | persuasive / compelling | argument / point | made / I have heard | today is . . .**

- ***To sum up, we can say that*** *there is general agreement that the work force needs to be cut back, while differences remain with respect to the modalities, natural attrition or dismissals.*

- ***All the proposed solutions boil down to*** *the simple question of whether we are prepared to make a long-term commitment and accept the short-term losses.*

- ***The most persuasive argument made today is*** *the relationship between smoking and respiratory diseases.*

The phrases in this section serve as a prelude to the agreement stage of a discussion. Any participant in a meeting may chose to present such a review but usually the chairman of a meeting will do so as part of his responsibility to encourage agreement.

In the first three formulations above, the main points of the debate are reviewed. In doing so you may or may not include implicit conclusions. The final three formulations involve explicit conclusions.

6.2. Einer Frage ausweichen

- **Auf diesen (interessanten) Aspekt können wir vielleicht später eingehen.**

- **Meiner Meinung nach** | **wäre eine Entscheidung zum jetzigen Zeitpunkt verfrüht.** / **besteht jetzt kein Handlungsbedarf.**

- **Bei einer so wichtigen Frage sollten wir** | **uns nicht drängen lassen.** / **nichts überstürzen.**

- **Ich glaube, die ganze Sache muß nochmals gründlich überdacht werden.**

- **Ich denke, wir sollten uns zuerst mit anderen Gesichtspunkten befassen: . . .**

- ***Ich glaube, die ganze Sache muß nochmals gründlich überdacht werden.*** *Das eigentliche Problem ist, ob wir die zusätzlich auf uns zukommende Schuldenlast tragen können.*

- ***Ich denke, wir sollten uns zuerst mit anderen Gesichtspunkten befassen;*** *das wären die Lage des Werks und die Verfügbarkeit von Sonderzuschüssen.*

Nicht selten taucht unter den Teilnehmern einer Diskussion der Wunsch nach Vermeidung oder Aufschiebung einer Einigung auf. Folgende Taktiken sind in diesem Fall empfehlenswert.
Erstens: der Verweis auf Zeitmangel zur angemessenen Erörterung des angesprochenen Sachverhalts. Zweitens: das Bestehen auf Klärung einiger Fragen, bevor die Diskussion fortgesetzt werden kann. Drittens: die uferlose Ausweitung der zu erörternden Punkte (vergleiche dazu auch Abschnitt 4.7. **Neue Gesichtspunkte einführen**).

6.2. Evading / delaying the issue

- **This (interesting) issue could perhaps be taken up later.**

- **I feel | a decision, / action, | at this stage, would be premature.**

- **We should not act in haste on such a key matter.**

- **I believe the whole | thing / matter | has got / needs | to be looked at more carefully.**

- **I think we need to deal with other issues first, . . .**

- ***I believe the whole matter needs to be looked at more carefully.*** *The real issue is whether we can carry the additional debt that would be needed.*

- ***I think we need to deal with other issues first,*** *such as the location of the plant and the availability of special subsidies.*

At times you may wish to avoid or postpone agreement. Tactics to this end can include: suggestions that there is insufficient time to deal with a matter, insisting that other issues need to be settled beforehand, and introducing into the debate an indigestible number of issues (see section 4.7. **Introducing new elements**).

6.3. Diskussionsteilnehmer beschwichtigen

- **Ich versichere Ihnen, daß . . .**

- **Sie haben mein Wort, / Ich verspreche Ihnen, | daß . . .**

- **Lassen Sie mich Ihre Bedenken in bezug auf . . . zerstreuen.**

- **Was ... | betrifft, / angeht, | so gibt es (diesbezüglich) keinen Grund zur | Beunruhigung. / Sorge.**

- **Hinsichtlich ... / In bezug auf ... | teile ich Ihre | Beunruhigung. / Besorgnis. | Ich versichere Ihnen aber, / Ich kann Ihnen aber versichern, | daß . . .**

- ***Ich versichere Ihnen, daß*** *das Personal in dieser Angelegenheit ausreichend konsultiert werden wird.*
- ***Sie haben mein Wort, daß*** *Ihre Bedenken im überarbeiteten Plan voll berücksichtigt sein werden.*
- ***Lassen Sie mich Ihre Bedenken in bezug auf*** *die Wahl der Computerprogramme* ***zerstreuen.*** *Die Entscheidung ist nach einer sehr gründlichen Prüfung aller verfügbaren Systeme getroffen worden.*
- ***Was*** *die Reaktion unserer traditionellen Lieferanten* ***angeht, so gibt es diesbezüglich keinen Grund zur Beunruhigung.***
- ***Hinsichtlich*** *der ausufernden Kosten des Programms* ***teile ich Ihre Besorgnis. Ich versichere Ihnen aber, daß*** *ich nichts unversucht lassen werde, um sie unter Kontrolle zu behalten.*

Bei allem Bestreben, den eigenen Vorteil zu wahren, ist die gebührende Berücksichtigung der Bedenken der anderen Diskussionsparteien ein wichtiger Schritt auf dem Weg zu einer Einigung. In diesem Zusammenhang sollten Sie sich bemühen, für sich und die von Ihnen vertretene Sache ein vorteilhaftes Klima zu schaffen. Die Formulierungen oben sind dafür ein geeignetes rhetorisches Mittel; dies um so mehr, als die vorliegende Verhandlungsphase von Ihnen keine inhaltlichen Konzessionen verlangt - vielmehr ist es der Ton, der letztendlich den Ausschlag gibt.

6.3. Reassuring remarks

- **Rest assured, . . .**

- **You** | **have my word, . . .** / **may be confident, . . .**

- **Let me set your mind at rest by saying . . .**

- **As to the question of . . . ,** | **you need have no fear on that score.** / **you have no need to** | **worry.** / **feel anxious.**

- **I share your concern about . . . and I (can) assure you that . . .**

- ***Rest assured,*** *the staff will be fully consulted on this matter.*

- ***You have my word,*** *your concerns will be fully addressed in the revised plan.*

- ***Let me set your mind at rest by saying*** *that the selection of computer software was made after the most thorough examination of available systems.*

- ***As to the question of*** *the reaction of our regular suppliers,* ***you have no need to worry.***

- ***I share your concern about*** *the escalating costs of the programme* ***and I can assure you that*** *I shall do everything in my power to ensure that they are kept under tight control.*

An important stage in trying to move to an agreement is expressing awareness of the concerns raised by other speakers. Note that this stage does not necessarily require any concessions on your part; it is the tone that counts.

6.4. Kompromißvorschläge machen

- **Ein** | **gerechter** / **ausgewogener** | **Kompromiß wäre, . . .**

- **Es scheint, daß wir uns im Hinblick auf . . . einig sind.**

- **Ich hoffe, daß** | **wir uns auf folgender Basis einigen können: . . .** / **(zwischen uns) eine Einigung auf folgender Grundlage zustande kommen kann: . . .**

- **Ich denke,** | **Sie sind mit mir einer Meinung,** / **Sie teilen meine Auffassung,** | **daß . . .**

- **Kann ich davon ausgehen, daß wir uns** | **in bezug auf . . .** / **über . . .** | **einigen können?** / **einig sind?**

- ***Ein ausgewogener Kompromiß wäre,*** *die Umstrukturierung der Abteilung im Prinzip zu akzeptieren, die Entscheidung über den Zeitplan für deren Realisierung allerdings zu vertagen.*

- *Obwohl es noch eine Reihe ungelöster Fragen gibt,* ***scheint es, daß wir uns im Hinblick auf*** *die finanziellen Parameter des Vorschlags* ***einig sind.***

- ***Ich denke, Sie teilen meine Auffassung, daß*** *unsere betriebsinternen Fortbildungsprogramme ausgeweitet werden sollten.*

- ***Kann ich davon ausgehen, daß wir uns über*** *die Notwendigkeit einer verstärkten Durchsetzung der Sicherheitsbestimmungen auf dem Fabrikgelände* ***einig sind?***

Bei der Kompromißsuche macht sicherlich der Ton die Musik. Bedenken Sie hier besonders: Wie man in den Wald hineinruft, so schallt es heraus! Kleine Einleitungsfloskeln, wie *es scheint, ich hoffe, ich denke*, unterstreichen gleich von Beginn an Ihre Kompromißbereitschaft.
Ein sehr geschicktes taktisches Instrument ist, Ihren Ausführungen eine Formulierung wie *obwohl es noch eine Reihe ungelöster Fragen gibt,* (analog dem zweiten Beispielsatz) voranzuschicken, mit der bestehende Meinungsverschiedenheiten anerkannt, zugleich aber heruntergespielt werden.

6.4. Proposing agreement / finding common ground

- **A fair / balanced compromise would be . . .**
- **It seems we have established common ground in so far as . . .**
- **I hope we can reach agreement / agreement can be reached along the following lines: . . .**
- **I think that you (may) share my view / opinion / belief that . . .**
- **Can I take it that we can all agree on . . . ?**

- ***A balanced compromise would be*** *to accept in principle the reorganization of the department while reserving judgement on the time frame for its implementation.*
- *Although there may be still some unanswered questions,* ***it seems we have established common ground in so far as*** *the financial parameters of the proposal are concerned.*
- ***I think that you may share my view that*** *our in-house training programmes should be expanded.*
- ***Can I take it that we can all agree on*** *the need for greater enforcement of safety regulations on the factory floor?*

A useful ingredient in proposing agreement is a conciliatory tone. Accordingly a speaker would tend to preface proposals with words such as *It seems, I hope, I think.*

A tactic which may be added is to open your remarks by admitting, but playing down, remaining differences such as in the clause *Although there may be still some unanswered questions* (as may be seen in the second example sentence above).

6.5. Handeln / einen Interessenausgleich anstreben

- **Dieses Problem ließe sich aus der Welt schaffen, wenn . . .**
- **Sofern Sie sich dazu durchringen könnten, . . . zu akzeptieren, hätte ich keine Einwände bezüglich . . .**
- **Ich denke, ich könnte . . .**
  - **unter der Bedingung zustimmen, daß ... / akzeptieren, daß ...**
  - **, vorausgesetzt, daß . . .**
  - **, solange . . .**
  - **, wenn . . .**
  - **, sofern . . .**
- **Ich bin nicht bereit, / gewillt, . . . , wenn nicht . . . / sofern nicht . . . / ohne daß . . . / solange nicht . . .**
- **Nur wenn . . . , könnte(n) / würde(n) ich . . . / wir . . .**

- ***Dieses Problem ließe sich aus der Welt schaffen, wenn*** *die Leistungskriterien verschärft werden würden.*
- ***Ich denke, ich könnte*** *dem Plan* ***unter der Bedingung zustimmen, daß*** *er halbjährlich überprüft wird.*
- ***Ich bin nicht gewillt,*** *den Wartungsvertrag zu erneuern,* ***wenn nicht*** *eine deutliche Verbesserung der Normen garantiert werden kann.*
- ***Nur wenn*** *die ausstehenden Zinsen beglichen werden,* ***würde ich*** *einen neuen Kredit in Erwägung ziehen.*

Ein Interessenausgleich umfaßt verschiedene Elemente des Gebens und Nehmens, die von der Suche nach einem Kompromiß bis zur Ausübung von Druck reichen können. So gesehen ist der nächste Abschnitt **Druckanwendung: Eine Einigung erzwingen** eine eskalierende Form des Feilschens um eine Übereinkunft. Die Formulierungen oben sind so geordnet, daß sie immer brüsker und direkter im Ton werden. Die letzte Redewendung kann beispielsweise bedenkenlos im nächsten Abschnitt eingesetzt werden.

6.5. Bargaining / trade-offs

- **We might be able to get round this difficulty if . . .**

- **If you could (bring yourself) to accept ... , I** **see / would have** **no objection to ...**

- **I think I could**
  - **accept . . .**
  - **agree to . . .**
  - **go along with . . .**

  - **on the condition that . . .**
  - **provided that . . .**
  - **with the proviso that . . .**
  - **so long as . . .**
  - **if . . .**

- **I would not be** **willing / prepared** **to . . . unless . . .**

- **Only if . . . , would** **I / we** **agree to . . . / accept . . .**

- ***We might be able to get round this difficulty if*** *the performance criteria were to be tightened.*
- ***I think I could agree to*** *the plan* ***with the proviso that*** *it is subject to review at six-monthly intervals.*
- ***I would not be prepared to*** *renew the service contract* ***unless*** *a significant improvement in standards can be guaranteed.*
- ***Only if*** *outstanding interest be paid,* ***would I agree to*** *consider a new credit.*

Bargaining encompasses many styles including haggling and coercion. The next section **Coercive action: Forcing agreement** can be seen as an escalated form of bargaining. For example, the final phrase above could as well appear in the next section.

6.6. Druckanwendung: Eine Einigung erzwingen

- **Falls wir in diesem Punkt nicht einer Meinung sind, . . .**
Sollten wir uns in dieser Sache nicht verständigen, . . .
- **Wenn Sie . . . nicht akzeptieren, . . . / zustimmen, . . .**
- **Wenn Sie bei diesem Punkt nicht einlenken, . . .**
Wenn Sie uns in diesem Punkt nicht entgegenkommen, . . .
- **Wenn dieser Vorschlag abgelehnt wird, . . .**
- **Wenn es zu keiner Einigung kommt, . . .**
- **Sie sollten sich (sehr) gut überlegen, ob . . .**

- ***Falls wir in diesem Punkt nicht einer Meinung sind,*** *haben wir keine andere Wahl, als Ihre Kreditlinie zu stornieren.*
- ***Wenn Sie*** *der Erhöhung des Preisnachlasses auf Großbestellungen* ***nicht zustimmen,*** *müssen wir uns leider an andere Lieferanten wenden.*
- ***Wenn Sie uns in diesem Punkt nicht entgegenkommen,*** *hat das ernste Konsequenzen auf anderen Gebieten.*
- ***Wenn dieser Vorschlag abgelehnt wird,*** *sehen wir uns gezwungen, den Zeitplan für die Markteinführung der neuen Regenbekleidungskollektion zu überdenken.*
- ***Sie sollten sich sehr gut überlegen, ob*** *Sie sich einer diesbezüglichen Vereinbarung in den Weg stellen.*

Um wirkungsvoll Druck ausüben zu können, müssen Sie eine rhetorische Brücke zwischen der Bedingung (in der Regel eine Maßnahme oder Unterlassung Ihres Gesprächspartners) und der Konsequenz (Ihrer Drohung) bauen. Die Formulierungen oben beziehen sich auf die Maßnahme bzw. Unterlassung Ihres Gesprächspartners. Ihre Drohung leiten Sie unmittelbar im Anschluß daran mit folgenden Wendungen ein:

- *müssen wir / muß ich leider . . .*
- *haben wir / habe ich keine andere Wahl, als . . .*
- *sehen wir uns / sehe ich mich gezwungen, . . .*
- *hat das ernste Konsequenzen auf anderen Gebieten.*

Die letzte Redewendung ist eine unverblümte Drohung.

6.6. Coercive action: Forcing agreement

- **Unless this matter is agreed, . . .**
- **If you don't** | **accept . . .** / **agree to . . .**
- **If you don't give on this point, . . .**
- **If the proposal fails, . . .**
- **If this cannot be agreed, . . .**
- **You'd better think carefully before . . .**

- ***Unless this matter is agreed,*** *there will be little alternative but to cancel your credit line.*
- ***If you don't agree to*** *increase the discount for bulk orders, we will reluctantly have to turn to other suppliers.*
- ***If you don't give on this point,*** *there will be serious repercussions in other areas.*
- ***If the proposal fails,*** *we will feel compelled to reconsider the timetable for bringing out the new line of rain wear.*
- ***You'd better think carefully before*** *preventing agreement on this.*

Note the relationship of the phrases above to those in the previous section.

Coercive action establishes a relationship between cause (action or failure to take action) and consequence (a threat). With the exception of the final phrase all the phrases above (representing cause) may be combined with threatening phrases (the consequence) such as:

- *I/we will (reluctantly) have to . . .*
- *there will be little alternative but to . . .*
- *I/we will feel compelled to . . .*
- *there will be serious repercussions in other areas.*

6.7. Zugeständnisse machen / Nachgeben

- **Ich muß zugeben, daß Sie mich überzeugt haben.**
Ihre Argumente haben mich überzeugt.

- **Ich muß die Vorzüge / Vorteile Ihrer Argumente anerkennen.**

- **Ihre Argumente haben mich überzeugt.**

- **Sie haben mich davon überzeugt, daß . . .**

- **Um einer Verständigung nicht im Wege zu stehen, . . .**

- **Da wir uns nicht leisten können, eine Entscheidung über . . .**
(weiter) aufzuschieben, stimme ich . . . schweren Herzens zu. / erkenne ich . . . gezwungenermaßen an.

- ***Sie haben mich davon überzeugt, daß*** *die Exportabteilung schnell reorganisiert werden muß.*

- ***Um einer Verständigung nicht im Wege zu stehen,*** *ziehe ich meinen früheren Vorschlag zurück.*

- ***Da wir uns nicht leisten können, eine Entscheidung über*** *die Belegschaftsstärke* ***aufzuschieben, stimme ich*** *dem zu großzügigen Paket von Abfindungszahlungen* ***schweren Herzens zu.***

Mit den letzten beiden Redewendungen geben Sie zu verstehen, daß Sie einer Einigung nicht im Wege stehen wollen, den sachlichen Gehalt der Argumente allerdings nicht anerkennen.

6.7. Conceding

- **I must admit that your arguments have | Your arguments have — convinced me.**
- **I must concede the merits of your case.**
- **I'm persuaded by your arguments. / points.**
- **You have convinced me that . . .**
- **In order not to stand in the way of agreement . . .**
- **Since we cannot afford to delay any further a decision on . . .**
  I will (very) reluctantly go along with . . . / accept . . .

- ***You have convinced me that*** *the export department needs to be reorganized in short order.*
- ***In order not to stand in the way of agreement*** *I withdraw my earlier proposal.*
- ***Since we cannot afford to delay any further a decision on*** *manning levels* ***I will very reluctantly go along with*** *the excessively generous redundancy package.*

In the last two phrases you are going along with agreement while not admitting the merits of the argument.

6.8. Sich einer Einigung widersetzen

- **Aus einer (ganzen) Reihe von Gründen fällt es mir schwer, | Ihrem Vorschlag / . . . | zuzustimmen.**

- **| Diese Angelegenheit / Ihr Vorschlag | läßt (leider) | viel zu wünschen übrig. / viele Wünsche offen.**

- **Zu meinem Bedauern sehe ich keine Möglichkeit, die Vorschläge in der vorliegenden Form zu akzeptieren.**

- **Der Vorschlag hält bei weitem nicht das, was | erforderlich / notwendig | ist. / wäre.**

- **Es gibt keine Basis für eine Einigung.**

- **Dem kann ich einfach nicht zustimmen.**

- ***Aus einer Reihe von Gründen fällt es mir schwer,*** *der Abschaffung von Grenzkontrollen* ***zuzustimmen.***

In diesem Abschnitt werden noch nicht jene Gründe genannt, die Sie veranlassen, sich einer Einigung zu widersetzen. Die Redewendungen sind dementsprechend kurz gehalten; ihr schroffer Ton nimmt nach unten hin zu.

Dieser Abschnitt behandelt das Vermeiden einer Einigung, während Abschnitt 7.2. **Anderer Meinung sein** Formulierungen für einen Situationskontext enthält, bei dem Sie es ablehnen, eine bereits getroffene Entscheidung mitzutragen.

6.8. Resisting agreement

- **For a variety of reasons I find it difficult to | accept / agree to | your proposal. / . . .**

- **I'm afraid | this matter / your proposal | leaves a great deal to be desired.**

- **To my regret, I can see no way of accepting these proposals as they stand.**

- **The proposal falls far short of what is required.**

- **There is no basis for an agreement.**

- **I simply can't agree to this.**

- ***For a variety of reasons I find it difficult to agree to*** *the removal of border controls.*

Given that your objective is to resist agreement it is not essential that you provide any explanation. The phrases used may therefore be brief. The tone of the phrases increases in strength as one goes down the list.

This section deals with refusal to agree whereas section 7.2. **Dissenting comments/views** addresses refusal to endorse a decision which has already been taken.

Kapitel VII

Das Ergebnis

Nicht Sieg, sondern Gewinn sollte der Zweck einer Verhandlung oder einer Diskussion sein.

Joseph Joubert

Die Ergebnisse einer Diskussion/Verhandlung können auf sehr verschiedene Art und Weise festgehalten werden. In einigen Fällen mag es nur ein Kopfnicken sein, ein zustimmendes Murmeln oder ein Handschlag. Bei anderen Gelegenheiten wiederum sind schriftliche Ergebnisformen wie Protokoll, Bericht, Erklärung oder Vertrag opportun.

Dieses Kapitel beschäftigt sich eingehender mit mündlichen Ausdrucksformen für das Zustandekommen einer Einigung, für das Artikulieren von Vorbehalten und Einwänden sowie für abschließende Bemerkungen. Ein spezieller Anhang zum Kapitel faßt einerseits jene schriftlichen Formen zusammen, in denen sich Verlauf und Resultat von Diskussionen/Verhandlungen am häufigsten kristallisieren. Andererseits enthält der Anhang eine Liste nützlicher Verben und Verkettungskonstruktionen, die Ihnen das Protokollieren vereinfachen sollen.

Chapter VII

The Outcome

Gain, not victory ought to be the purpose of a negotiation or a discussion.

Joseph Joubert

The outcome of a meeting may take many forms. It may be just the nod of a head, general assenting murmurs, a handshake or it may take a written form such as Minutes, Report, Declaration or Treaty.

This chapter deals with the verbal forms of expressing agreement, registering reservations or objections and final concluding remarks. An appendix to this chapter sets out the most common written forms of recording meetings and agreements as well as a list of useful verbs and linking phrases to draw upon if faced with report writing.

7.1. Mündliche Einigung

- (Nun) gut, / Also, — wir sind uns einig, daß ... / wir sind übereingekommen, daß ... / es besteht Übereinstimmung, daß ... / es ist beschlossen, daß ...

- Die Entscheidung ist gefallen: ...
  Der Beschluß steht fest: ...

- Als Ergebnis können wir (folgendes) festhalten: ...

- Wir sind am Ziel: ...
  Wir haben es geschafft: ...

- *Gut, wir sind uns einig, daß die Preise in der Belegschaftskantine bis Ende des Jahres eingefroren werden.*
- *Der Beschluß steht fest: Die Eröffnung des neuen Krankenhausflügels wird auf das kommende Frühjahr verschoben.*
- *Wir sind am Ziel: Das europäische Verkaufsbüro wird in Frankfurt eingerichtet.*

In Diskussionsforen mit begrenzter Teilnehmerzahl, die jedem die Möglichkeit zur Meinungsäußerung bieten, wird auf eine Abstimmung in der Regel verzichtet. In einem solchen Kreis ist es vielmehr üblich, daß der Diskussionsleiter neben dem Tenor der Aussprache jene Punkte zusammenfaßt, bei denen Übereinstimmung besteht. Ferner legt der Diskussionsleiter die Form der Einigung fest. Die Ergebnisse einer Diskussion / Verhandlung können in mannigfaltiger Weise schriftlich niedergelegt werden. Das dazu zur Verfügung stehende Instrumentarium wird in einem Anhang zu diesem Kapitel unter dem Titel: **Protokollieren von Diskussionen und Verhandlungen** näher erläutert.

7.1. Oral agreement

• **Right, / Good, / Well, / Fine, / I'm glad,**	**it's / we're**	**agreed that . . .**
	it's decided that . . .	
	it's settled then that . . .	

- **We've reached a conclusion - . . .**
- **We've got an outcome - . . .**
- **We're there - . . .**

- ***Good, we're agreed that*** *staff canteen prices will be frozen until the end of the year.*
- ***We've reached a conclusion*** *- the opening of the new hospital wing is deferred to next spring.*
- ***We're there*** *- the European sales office will be established in Frankfurt.*

Where the number of participants in a meeting is sufficiently small to allow all views to be voiced, formal voting will usually not arise. The most common practice is for the chairman, reflecting the "sense of the meeting", to simply state that agreement has been reached and spell out the nature of the agreement. Agreements will, in general, be reflected in some form of written record which may take a variety of forms - the interested reader is referred to the section on **Recording meetings and agreements** in the Appendix to this chapter.

7.2. Anderer Meinung sein

• Ich bin angewiesen worden,	folgende Vorbehalte	anzumelden: . . .
Ich fühle mich verpflichtet,		vorzubringen: . . .

• Ich muß	meine Zustimmung zu . . . einschränken.
	einige Vorbehalte zu . . . anmelden.

• Ich kann diesen Beschluß (leider) nicht voll mittragen.

• Ich möchte die folgende abweichende	Meinung	zu Protokoll geben: . . .
	Auffassung	
	Einschätzung	

• Es tut mir leid,	aber ich kann diese	Einigung	nicht unterstützen.
Ich bedauere,		Vereinbarung	
		Übereinkunft	

• Meiner Meinung nach ist	diese Entscheidung	ein Fehler.
	dieser Beschluß	
	diese Maßnahme	

· ***Ich muß einige Vorbehalte zum*** *vagen Charakter der nun beschlossenen finanziellen Vereinbarung* ***anmelden.***

Die Aussagestärke der Formulierungen nimmt nach unten hin zu.

Die erste Redewendung wird in der Regel nur in sehr förmlichen Diskussionsforen verwendet. Die vierte Formulierung kann von Ihnen auf zweifache Weise eingesetzt werden. Sie können den Grad Ihrer Zustimmung damit entweder nuancieren oder sich völlig von der Einigung distanzieren. Mit den letzten beiden Redewendungen katapultieren Sie sich aus der erzielten Einigung heraus.

In diesem Abschnitt wird davon ausgegangen, daß eine Einigung trotz der von Ihnen erhobenen Einwände zustande kommen kann.

7.2. Dissenting comments / views

- **I am | instructed / obliged | to enter / to register | the following reservation(s): . . .**

- **I must | qualify my support for . . .**
  | express some reservations | concerning . . . / about . . . / regarding . . .

- **I can't fully endorse this decision.**

- **I wish to place the following (dissenting) | opinions / views / assessment | on record: . . .**

- **I'm | afraid / sorry | I cannot be a party to this agreement.**

- **I feel this | decision / action | is a mistake.**

- ***I must express some reservations regarding*** *this agreement in view of the vague nature of the financial arrangements.*

The phrases in this section are ordered in terms of increasing strength.

The first phrase is applicable only in a formal environment. Phrase four allows you to either qualify your agreement or to dissociate yourself from the decision while the last two phrases expressly distance you from the agreement reached.

This section presupposes that a decision can be taken despite your objections.

7.3. Schlußbemerkungen machen

- Die | Konferenz / Tagung / Diskussion | fand in einer freundschaftlichen Atmosphäre statt ...

- | (Nun,) ich denke, damit / Meines Erachtens | ist alles behandelt. / ist unsere Tagesordnung erschöpft.

- | Wir sind nun am Ende unseres Arbeitspensums angelangt. / Nun, unsere Arbeit ist getan.

- Ich möchte allen hier am Tisch für ihren (konstruktiven) Beitrag zum Gelingen unserer Diskussion danken.

- Möchte | irgend jemand / irgendwer | noch etwas | sagen? / hinzufügen?

- ***Die Diskussion fand in einer freundschaftlichen Atmosphäre statt****, die für das nun vor uns liegende Ergebnis förderlich war.*

Abschließende Bemerkungen werden im allgemeinen vom Tagungs- bzw. Diskussionsleiter gemacht.

Die erste Redewendung ist eine Art Ouvertüre für die faktischen Schlußsätze der Formulierungen zwei bis fünf.

7.3. Concluding remarks

• **The | conference / meeting / discussion | was conducted in a friendly atmosphere . . .**

• **Well, (I think) that | covers everything. / completes our agenda.**

• **| Good, / Right, | (I think we can say that) | we've concluded our business. / our work is done.**

• **I would like to thank everyone around the table for their (constructive) contributions.**

• **Does anyone wish to add anything?**

• ***The discussion was conducted in a friendly atmosphere*** *which was conducive to the fruitful outcome we see before us.*

These final remarks will be voiced by whoever is chairing the meeting.

The first phrase is one step removed from the ultimate closing remarks of the last four formulations.

Anhang zu Kapitel VII

Protokollieren von Diskussionen und Verhandlungen

Die Ergebnisse einer Diskussion/Verhandlung können auf verschiedene Art schriftlich niedergelegt werden. Einigungen/Vereinbarungen lassen sich im Rahmen eines Protokolls bzw. Berichts oder eines separaten Dokuments festhalten. Nachfolgend die häufigsten Instrumente, in denen sich Verlauf und/oder Resultat von Diskussionen/Verhandlungen widerspiegeln:

- ***Das Protokoll***
  Kurzes Resümee des Verlaufs und der Ergebnisse einer Tagung.
- ***Der Kurzbericht***
  Gedrängte Zusammenfassung des Verlaufs einer Tagung (fällt in der Konferenzpraxis zumeist länger als ein Protokoll aus). Ein ***wörtlicher/stenografischer Bericht*** *umfaßt demgegenüber eine Wort-für-Wort-Niederschrift des Verlaufs einer Tagung.*
- ***Der Bericht***
  Allgemeines Resümee von Verlauf und Resultat einer Tagung, das bis zur wörtlichen Wiedergabe reichen kann.
- ***Der thematische Bericht***
  Zusammenfassung der zu den jeweiligen inhaltlichen Schwerpunkten einer Debatte gemachten Aussagen. Der thematische Bericht hat den Nachteil, daß er die Verhandlungspositionen der beteiligten Parteien zumeist nicht eindeutig widerspiegelt. Seine Grundstruktur ist etwa wie folgt: "Die ***meisten*** Redner waren der Ansicht, daß ... , während ***einige*** ..."
  Sofern sich eine klare Einigung zwischen den Verhandlungsparteien nicht erreichen läßt, wird häufig auf ein ***Resümee des Tagungsleiters*** *zurückgegriffen, das bestimmte Interpretationsmöglichkeiten zuläßt.*
- ***Die Entschließung/Resolution***
  Präzisierung der von den Beteiligten einzuleitenden Handlungen (in der Regel von einer Präambel eingeleitet). Die Präambel erläutert das Anliegen und den Hintergrund für die erzielte Vereinbarung.
- ***Der Beschluß/die Entscheidung***
  Kurze Auflistung der von den Verhandlungspartnern zu ergreifenden Maßnahmen (zumeist ohne Präambel verfaßt).
- ***Das Abkommen***
  Schriftliche Vereinbarung der von den Abkommensparteien zu treffenden Entscheidungen oder einzuleitenden Handlungen (in der Regel von geringerer Bedeutung als ein Vertrag oder eine Konvention).

Appendix to chapter VII

Recording meetings and agreements

A written report may take several forms. Agreements can be reflected in a report or may be contained in a seperate document. Listed below are the most common vehicles for recording the proceedings of a meeting or discussion and agreements.

- ***Minutes***
  A brief summary of the proceedings of a meeting (including any agreements reached).

- ***Summary Record***
  A condensed record of the proceedings of a meeting (ordinarily lengthier than minutes). ***Verbatim Record*** *- a complete (word for word) record.*

- ***Report***
  The proceedings of a meeting, may be briefer than a summary record or lengthier. (N.B. in extenso: full length).

- ***Synthetic Report***
  A thematic presentation of remarks made by all the speakers in a debate. It is more brief than a summary record, infinitely more readable but at the cost of not clearly identifying the positions held by each participant. Its basic structure is of the form - ***most*** speakers believed that, ***some*** felt that ...
  Where unqualified agreement cannot be reached a ***chairman's summary*** *is often resorted to, since it provides a looser form of agreement - such a summary is a particular type of synthetic report.*

- ***Resolution***
  Describes action to be taken and usually includes a preamble. A preamble is a preface giving context and background to the action part of a resolution.

- ***Decision***
  Describes action to be taken, is usually brief and does not include a preamble.

- ***Agreement***
  Written with a capital A this is a formal document although less formal or significant than a treaty or a convention.

Das Protokollieren

Um Verlauf und Ergebnisse einer Diskussion zusammenzufassen, bedient sich der Protokollant der indirekten Rede. Die **indirekte Rede** ist die nichtwörtliche Wiedergabe fremder (oder früherer eigener) Aussagen in verarbeiteter und zumeist wertneutraler Form. Ihre Besonderheiten lassen sich in den einschlägigen Grammatiklehrbüchern sehr leicht nachschlagen.

Sind die grammatischen Hürden der indirekten Rede erst einmal genommen, läuft das Protokollieren beinahe mechanisch ab. Grammatische Korrektheit ist allerdings die eine Sache, eine andere ist, ein Protokoll über mehrere Seiten hinweg stilistisch variabel zu gestalten. In der Tat ist die Gefahr, bei der indirekten Rede in Schematismus und Monotonie zu verfallen, nicht von der Hand zu weisen. Selbst geübten Protokollanten fällt es immer wieder schwer, auf ein vielfarbiges Repertoire an operativen Verben, Verkettungskonstruktionen sowie nützlichen Formulierungen für das Resümee zurückzugreifen. Nachfolgend eine Liste von Verben und Wortverbindungen, die Ihnen einen sachlich korrekten und zugleich stilistisch variantenreichen Einsatz der indirekten Rede gestatten:

Häufig verwendete Verben zur Einführung, Fortsetzung und zum Abschluß der indirekten Rede

zum neutralen Berichten

Er/Sie	*sagte* *erklärte* *stellte fest* *legte dar*	*führte aus* *wies darauf hin* *konstatierte* *erwähnte*

zur Meinungsäußerung

Er/Sie	*vertrat* *äußerte* *bekräftigte* *wiederholte*	*die Ansicht* *die Meinung* *die Auffassung*	*begrüßte es* *behauptete* *beharrte darauf* *bestand darauf*
	war	*der Ansicht* *der Meinung* *der Auffassung*	*erkannte an* *gab zu* *gestand ein* *räumte ein*

Report writing

We are all called upon at one time or another to prepare reports on meetings. Report writing is a skill rarely taught in one's own language and almost never when one studies a foreign language. Reports of meetings and discussions are written in **indirect speech** (or reported speech). This is dealt with in all standard grammar books.

In our experience a common practical problem faced in report writing is finding a variety of operative verbs and linking words to produce a summary that is accurate and interesting to read. For this reason we have set out below a selection of such operative verbs, linking and concluding words and terms to describe the balance of views.

Commonly used verbs for introducing, continuing and concluding indirect speech

Neutral reporting

He/She *said*, *stated*, *noted*, *observed*, *pointed out*, *proposed*, *suggested*

Recording opinions

He/She *held the view*, *welcomed*, *commented*, *felt*, *maintained*, *recommended*, *believed*, *considered*, *recognized*, *admitted*, *conceded*, *acknowledged*

shared the | *view* / *concern*

um etwas hervorzuheben

Er/Sie *lenkte die Aufmerksamkeit auf die Tatsache, daß*
hob hervor
unterstrich
betonte
legte | Nachdruck / Wert | auf die Feststellung, daß

um Besorgnis auszudrücken

Er/Sie *hielt es für | unklug / gefährlich / riskant*
warnte davor

Sonstiges

Er/Sie
appellierte
entgegnete
erwiderte
stellte die Frage, ob
schlug vor
bestätigte
erinnerte daran
rief in Erinnerung
brachte | seine / ihre | Befriedigung / Genugtuung / Enttäuschung / Besorgnis | darüber zum Ausdruck, daß ...

Verkettungskonstruktionen

Er/Sie fuhr fort
Er/Sie fügte hinzu
In diesem Zusammenhang
In bezug auf
Bezüglich
Diesbezüglich
Ferner
Darüber hinaus
Weiterhin
Außerdem
Des weiteren
Überdies

Sich ... zuwendend, | sagte / erklärte / betonte / usw. | er, / sie, | daß . . .

Reflecting stress

He/She *drew attention to*
emphasized
stressed
underlined
underscored
highlighted
endorsed
attached (special) importance to

Conveying concern

He/She *warned*
cautioned

Other

He/She *appealed to*
urged
recalled
expressed | *appreciation*
satisfaction
disappointment
the view
concern

Linking phrases

In addition
Furthermore
Moreover
Regarding
In this connection
Turning to
Concerning
He continued by + (present participle of verb . . . *ing*)
He went on to + (infinitive of verb)

Formulierungen, um abzuschließen

Zum Abschluß			
Abschließend	*sagte*		
Zusammenfassend	*erklärte*	*er,*	*daß . . .*
Das Resümee ziehend,	*unterstrich*	*sie,*	
Bilanz ziehend,	*usw.*		
Schließlich			

Concluding words

Finally
In conclusion
Lastly
Winding up
To summarize
Summarizing
In summation
He concluded by + (present participle of verb . . . *ing*)

GLOSSAR ZUR KONFERENZTERMINOLOGIE
GLOSSARY OF CONFERENCE TERMINOLOGY

Die Einberufung von Tagungen - Convocation of Meetings

(1)	das Einladungsschreiben	letter of invitation
(2)	die Mitteilung über das Abhalten einer Tagung/Konferenz	notification
(3)	die Teilnahme/Anwesenheit	attendance
(4)	der Teilnehmer	participant
(5)	der Vertreter	representative
(6)	der Delegierte	delegate
(7)	der Beobachter	observer
(8)	der Stellvertreter	alternate/deputy
(9)	in einer nichtamtlichen Eigenschaft	in a private/personal capacity
(10)	die Bevollmächtigung	credentials
(11)	einberufen	to convene/to convoke
(12)	eine Einladung annehmen/ablehnen	to accept/decline an invitation
(13)	unter der Schirmherrschaft von	under the auspices of/under the patronage of

Die Arten von Tagungen/Konferenzen und deren Organe
Types of Meetings and Their Bodies

(14)	der Ausschuß/das Komitee	committee
(15)	der Lenkungsausschuß	steering committee
(16)	der Nebenausschuß	subsidiary body/committee
(17)	der ständige Ausschuß	standing body/committee
(18)	der Unterausschuß	subcommittee
(19)	der Sonderausschuß	special committee
(20)	das Redaktionskomitee	editorial (drafting) group/ committee
(21)	der Vorbereitungsausschuß	preparatory committee
(22)	die Gruppe	group
(23)	die Ad-hoc-Gruppe	ad-hoc group
(24)	die Arbeitsgruppe	working party/group
(25)	die Experten-/Sachverständigengruppe	group of experts
(26)	die Studiengruppe	study group
(27)	das Podiumsgespräch/die Podiumsdiskussion	panel discussion
(28)	die Projektgruppe	task force
(29)	die Vorbereitungssitzung	preparatory meeting
(30)	die Kontaktgruppe (des Präsidenten/Vorsitzenden)	contact group (of the President)
(31)	der Ausschuß für die Prüfung von Vollmachten	credentials committee
(32)	die zwischenstaatliche Konferenz	intergovernmental conference
(33)	der Rat	board/council
(34)	der Vorstand	executive board
(35)	die Eröffnungssitzung	opening session/sitting
(36)	die nichtöffentliche Sitzung	closed session
(37)	die öffentliche Tagung	public meeting
(38)	die Plenarsitzung/das Plenum	plenary (assembly)
(39)	die Abschlußsitzung	final/closing session

Die Räumlichkeiten und das Personal
Conference Rooms and Staff

(40)	das Foyer	lobby
(41)	die Anschlagtafel/der Aushang	notice-board
(42)	der Tagungsraum	conference room/assembly hall
(43)	das Podium	podium/platform/rostrum
(44)	das Rednerpult	lectern
(45)	die Wahlurne	ballot box
(46)	das Zutrittsrecht	right of admission
(47)	die Teilnahmegebühr	attendance/participation fee
(48)	der Fachberater/Sachverständige/Experte	specialist/technical adviser/expert
(49)	die Kandidatur/Bewerbung	candidature/application
(50)	der Präsident	President
(51)	der/die Vorsitzende	Chairman/Chairwoman/Chairperson
(52)	der amtierende Präsident/Vorsitzende	acting President/Chairman
(53)	die Wahl der Mandatsträger	election of officers
(54)	der Rechtsberater	legal adviser
(55)	der Protokollant	committee secretary
(56)	der Vorsitz	presidency/chairmanship/the chair
(57)	der Delegationsleiter	head of delegation
(58)	den Vorsitz übernehmen	to take the chair
(59)	unter dem Vorsitz von	under the presidency/chairmanship of
(60)	die Amtssprache	official language
(61)	die Arbeitssprache	working language
(62)	die Sitzordnung	seating arrangements
(63)	der Amtsinhaber	holder of an office
(64)	die Amtszeit	term/tenure of office

(65)	die Verfahrensregeln/Geschäftsordnung	rules of procedure
(66)	das Mandat	terms of reference
(67)	die Tagesordnung	agenda
(68)	der Tagesordnungspunkt	item on the agenda
(69)	das Arbeitsprogramm	work programme
(70)	sich über das Tagungsprogramm/den Programmablauf/Zeitplan einigen	to agree upon the order of work/schedule/timetable
(71)	die Teilnehmerliste	list of participants
(72)	die Rednerliste	list of speakers
(73)	das Arbeitspapier/Hintergundmaterial	working/background paper
(74)	das vertrauliche Dokument	confidential/restricted document
(75)	der Entwurf	draft
(76)	der Bericht	report
(77)	einen Bericht in Umlauf geben	to circulate a report
(78)	einen Bericht abfassen	to draw up a report
(79)	der Jahresbericht	annual report
(80)	der Abschlußbericht	final report
(81)	der Zwischenbericht	interim report
(82)	der Arbeitsbericht	progress report
(83)	das Kapitel	chapter
(84)	der Absatz	paragraph
(85)	der Abschnitt	section
(86)	der Anhang	annex/appendix
(87)	die Anlage	enclosure/attachment
(88)	die Ergänzung/der Nachtrag/der Zusatz	addition/supplement/addendum
(89)	die Einfügung	insertion
(90)	die Richtigstellung	rectification

(91)	die Streichung	cancellation/deletion
(92)	die Änderung/Abänderung	amendment
(93)	die Berichtigung	correction/corrigendum
(94)	eine Übereinstimmung/Einigung erzielen bei	to reach agreement on
(95)	das Abkommen/die Einigung/ Übereinstimmung	agreement
(96)	der Beschluß/die Entscheidung	decision
(97)	die Entschließung/Resolution	resolution
(98)	die Präambel	preamble
(99)	der Vertrag	treaty
(100)	das Kommuniqué	communiqué
(101)	die Schlußakte	final act
(102)	die Erklärung	declaration
(103)	die Sondervereinbarung	special agreement
(104)	die Charta/Satzung	charter
(105)	die Konvention	convention
(106)	die Urkunde	instrument
(107)	die Übereinkunft	protocol
(108)	das Statut/die Satzung	statute
(109)	die Ratifizierung	ratification
(110)	unverbindlich	not binding

Der Tagungsablauf - Proceedings of the Meeting

(111)	die Eröffnungsansprache	opening speech/inaugural address
(112)	die Annahme der Tagesordnung	adoption of the agenda
(113)	die Anregung/der Vorschlag	suggestion/proposal
(114)	der Änderungsvorschlag	proposed amendment
(115)	eine bloße Anregung	a tentative suggestion
(116)	die Einreichung/Unterbreitung	submission/presentation
(117)	der Gegenvorschlag	alternative proposal/counter-proposal
(118)	einen Antrag einreichen	to propose a motion
(119)	einen Antrag ablehnen	to reject a motion
(120)	einen Antrag befürworten	to support/second a motion
(121)	der Antrag ist angenommen	the motion is adopted/carried
(122)	der Antrag ist abgelehnt	the motion is rejected
(123)	der Antragsteller	mover/proposer
(124)	die Schlußfolgerungen	conclusions
(125)	die Ausführungen/Darlegungen/die Bemerkung/der Kommentar	statement/remark/comment
(126)	eine Tagung unterbrechen	to interrupt a meeting
(127)	eine Tagung aussetzen	to suspend a meeting
(128)	eine Sitzung vertagen/sich vertagen	to adjourn a meeting
(129)	die Verhandlung/Debatte/Beratung	discussion/debate
(130)	die Aussprache/Beratung wiederaufnehmen	to resume the debate
(131)	die Beratung/Aussprache abschließen	to close the debate
(132)	das Recht auf Erwiderung	right of reply
(133)	Vorbehalte anmelden/machen	to express reservations

(134)	protestieren/der Protest	protest
(135)	die Wortmeldung/um das Wort bitten	to ask to speak/to request the floor
(136)	das Wort erteilen an	to give the floor to
(137)	die allgemeine Aussprache/ die Generaldebatte	general debate
(138)	eine Bemerkung im eigenen Namen machen	to make a remark in one's own name/to speak in a personal capacity
(139)	die Formulierung	formulation
(140)	wie in Artikel ... vorgesehen	as provided for in article ...
(141)	die Bedenken/Vorbehalte	reservations
(142)	die Abstimmung	vote
(143)	das Abstimmungsverfahren	voting procedure
(144)	die Abstimmung über Änderungsanträge	vote on amendments
(145)	die Abstimmung durch Handzeichen	vote by show of hands
(146)	die namentliche Abstimmung	vote by roll call/recorded vote
(147)	die geheime Abstimmung	vote by secret ballot/the secret ballot
(148)	das Stimmrecht	right/eligibility to vote
(149)	die absolute/einfache/erforderliche Mehrheit	absolute/simple/requisite majority
(150)	einstimmig angenommen	carried unanimously
(151)	die ergebnislose Abstimmung	inconclusive vote
(152)	die Wiederwahl	re-election
(153)	die Beschlußfähigkeit/Beschlußunfähigkeit	quorum/lack of quorum
(154)	die Zulässigkeit/Unzulässigkeit	admissibility/inadmissibility
(155)	die Ja-Stimme/Nein-Stimme	affirmative vote/negative vote

(156)	eine Erklärung zur Stimmabgabe	explanation of vote
(157)	die abgegebenen Stimmen	the votes cast
(158)	die Stimmenthaltung	abstention
(159)	die gültigen Stimmen	valid votes

Deutscher Index
zum Glossar der Konferenzterminologie

English Index
of the Glossary on Conference Terminology